神奈川

歴史探訪 ルートガイド

横浜歴史研究会 著

メイツ出版

神奈川　歴史探訪ルートガイド　もくじ　全26コース

第2章　歴史的な人物ゆかりの地をめぐる

第3章　神奈川県内の主な宿場町をめぐる

はじめに

神奈川の歴史は古く、3万年前の旧石器時代から始まります。

神奈川の地は、相模川を中心として、北部に相模台地、その南部には相模平野の広がりと、河口には湘南地域があります。その北西部には県面積の六分の一を占める丹沢山系と国立公園として景観豊かな自然と湯量豊富な箱根山地、相模湾に向かって秦野盆地・大磯丘陵が連なっています。

古くは、『古事記』に相武・佐賀牟と記され、『日本書紀』には相模国と高倉（高座）郡と記されました。

この神奈川の地の歴史的な転機となったのは、文治元（1185）年、源頼朝が守護・地頭の設置の勅許を得て、鎌倉幕府を開府したことにあります。また、その後の室町時代、戦国時代と続く歴史の中で、常に神奈川は政治的・経済的な面で重要な地域としての役割を担ってきました。そしてその後、慶長8（1603）年に徳川家康が江戸幕府を開府した後は、江戸と京都を結ぶ東海道の重要拠点である宿場町として、幾多の地域が発展を遂げてきました。そして迎えた嘉永6（1853）年、浦賀にアメリカのペリー提督が来航し、翌嘉永7（1854）年に日米和親条約が締結されました。この条約によって日本は下田と箱館（現在の函館）を開港し、鎖国体制は終焉を迎えました。安政5（1858）年には、日米修好通商条約が締結され、日本の開国体制への本格的な移行が始まりました。そして、翌安政6（1859）年の横浜開港によって無名であった「横浜」が一挙に世界へ躍り出したことも神奈川の歴史の大きな転機となりました。西洋の文化がもたらされた横浜は、私たちの今日の文化的な生活を営む上で欠かすことのできない数々の物事の歴史的な発祥地となっています。

本書は、そうした神奈川の魅力ある歴史的名所・史蹟を、誰もが気軽に「ぶらり」と歩きながら楽しんでいただくための参考になればと思っております。

そして、全て本の通りに巡る必要はなく、皆さんのお好みで「今日はここ」「ついでだから行ってみよう」などと、気軽にご自由にお使い下されば幸いであります。

なお、本書を執筆した横浜歴史研究会は、昭和58（1983）年に創立して、間もなく35周年を迎えようとしています。

当歴史研究会では、会員の皆様と共に神奈川県内の幾多の歴史的な故地・史蹟を巡るツアーを実施しております。

本書は、その集大成とも言うべき、お勧めコースの紹介をさせていただいております。

2013年7月に当社で発行した『ビジュアル版　神奈川県の歴史』と共にご利用いただければ幸いです。

また、監修は、前作同様に加藤導男、竹村紘一、堀江洋之の3名が会を代表してあたりました。

読者の皆様方のご感想などお寄せいただければ幸甚に存じます。

横浜歴史研究会

本書の使い方

◎本書の情報データは 2015 年 12 月現在のものです。
◎歩行距離と歩行時間は最短の目安として示しています。
◎本書記載の時間・歩行距離には、各場所・施設内での見学や休憩に要する距離・時間及び電車やバスなどによる移動距離・時間は含まれていません。

章・章タイトル　　各史跡スポット名　　章のコース番号とコース名

各史跡スポットの解説

コースのみどころ

スポット間の歩行距離と歩行時間

アクセス
全体の歩行距離と歩行時間

ウォーキングのためのルートガイド

章・章タイトル

各史跡スポットの解説

各史跡スポットめぐりのコース地図

神奈川　歴史探訪ルートガイド
全26コース・エリア全体図

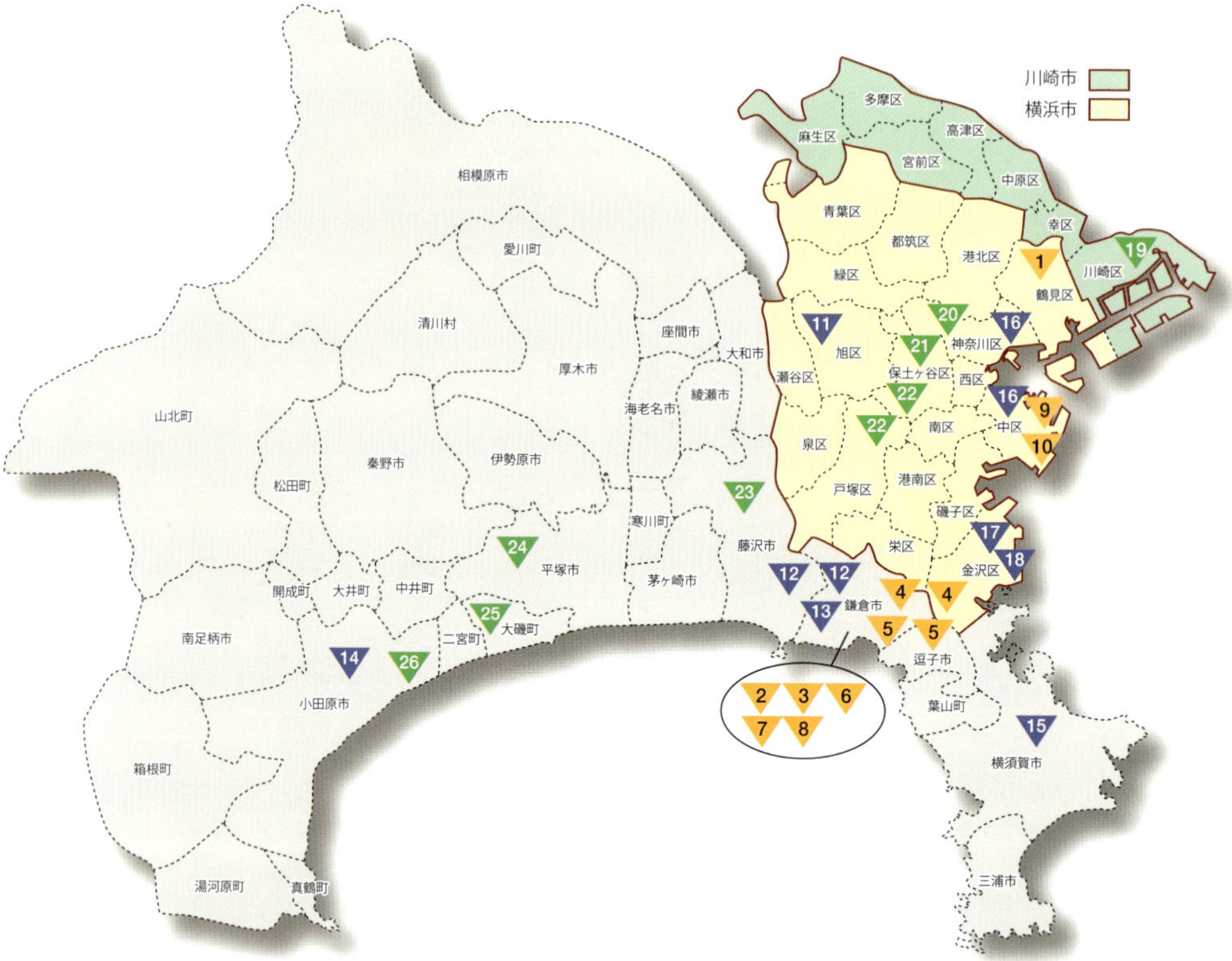

1 章　歴史的な事件・出来事・故地をめぐる

2 章　歴史的な人物ゆかりの地をめぐる

3 章　神奈川県内の主な宿場町をめぐる

第1章
歴史的な事件・出来事・故地をめぐる

1 鶴見周辺

幕末の事件とおとぎの世界を兼ね備えた鶴見の地をめぐる ～生麦事件と浦島太郎ゆかりの地～

▲生麦事件碑

アクセス	【行き】京急線・生麦駅 【帰り】京急線・仲木戸駅／JR 横浜線・東神奈川駅
総距離	…約 4.8km
徒歩による所要時間	…約 1 時間

コースガイド

京急線・生麦駅の改札を出て右へ行き、突き当たりを右に曲がると、踏切が右手に見えるので、そこを左折する。

最初の信号「生麦駅入口」を渡ってから右折し、「神明前」の信号を左折すると、突き当たりの左手奥に祠が見える。そこが❶生麦事件碑なのだが、現在はもともとあった場所はその突き当たりから右折して150mほど行ったところにある。

元の場所から信号を渡って行くと、左手にキリン横浜ビアビレッジが見え、そのまま第一京浜を道なりにまっすぐ、しばらく進む。「入江橋」の信号を渡ってから右折し、二つ目の信号「入江町」の信号を左折。第二京浜を道なりに進むと「大口通」の信号を左折。左手の脇道を3本超えたところにあるのが❷足洗川跡である。

そこを右に折れ、末永クリニックを左手に進むと第二京浜に戻る。出たところを左折し、「七島町」の信号を渡り、左へ少し行くと、右手に❸蓮法寺の階段がある。

「七島町」の信号へ戻り、再度第二京浜を渡ると、右後方に差し込む形で入る道があるので、そこに入る。一つ目の角を左後方に差し込む形で入ってまっすぐ進むと、カーブの辺りの右手に地下道になっているところがある。そこを入って潜り抜けたところに京急線・子安駅がある。

そこから京急線で仲木戸駅まで行く。仲木戸駅は1階の改札（JR東神奈川駅側）を出たところにある信号を渡り、線路を左手に沿ってしばらく行くと、右手に❹慶運寺が見える。正面に回り込んだところに史跡の碑などがある。来た道を戻れば京急線・仲木戸駅に着く。

各史蹟解説

1 生麦事件碑

（本来の場所［横浜市鶴見区生麦1-16］より150mほど離れた場所に仮移設されている）

生麦事件は文久2（1862）年8月21日、当時の薩摩藩主の父・島津久光の一行に、乗馬を楽しむために居留地を出た騎馬の英国人4名が行列を遮るように入り込み、引き返そうとしたが果たせず、そのうちの一人・チャールズ＝リチャードソンが行列の供頭の薩摩藩士等に殺害された事件。その絶命の地に、明治16年に黒川荘三が私費を投じて建立した碑がある（平成28年末まで横浜環状北線工事中につき、150mほど東へ仮設として移動）。この事件による賠償問題は薩英戦争にまで発展し、当時の日本外交に大きな影響を与えた。横浜市登録文化財。

▲薩英戦争の引き金となった生麦事件の碑

2 足洗川跡

浦島太郎が足を洗ったと伝えられる場所。現在は暗渠《あんきょ》となっているが、かつてはここに川が流れていたと言われる。

▲現在は暗渠となっている足洗川跡

3 蓮法寺／浦島父子の墓所

蓮法寺は日蓮宗の寺院で、宝永7（1710）年、足柄下郡荻窪村に建てられ、明治44年に移転したといわれる。その地には明治5年まで「うらしまでら」と呼ばれた観福寺があり、浦島太郎の伝説が伝わっていた。浦島父子の供養塔、亀塚の碑がある。

▲浦島父子の墓所とされる供養塔

コースと所要時間

スタート ▼京急線 生麦駅
↓ 0.45km 6分
1 生麦事件碑
↓ 2.5km 31分
2 足洗川跡
↓ 0.4km 5分
3 蓮法寺／浦島父子の墓所
↓ 0.55km 7分
京急線「子安駅」 ●京急線・子安駅乗車
↓ 1.3km 3分
京急線「仲木戸駅」 ●京急線・仲木戸駅下車
↓ 0.45km 6分
4 慶運寺／浦島寺・浦島伝説／幕末のフランス領事館
↓ 0.45km 6分
ゴール ▼京急線 仲木戸駅 ▼JR横浜線 東神奈川駅

4 慶運寺／浦島寺・浦島伝説／フランス領事館（幕末）

慶運寺は、芝増上寺第三世定蓮社音誉聖観が永享から文安年間（1390～1447）にかけて創建したと伝えられる。別名浦島寺とも呼ばれている。明治期に入り、浦島太郎の伝説が伝えられていた観福寺（浦島寺）を合寺したことから、当寺には浦島太郎の伝説や浦島伝説にちなむ遺品が残されている。境内には浦島父子塔が建つ。当寺は幕末にフランス領事館が置かれた。

▶浦島太郎の伝説や浦島伝説にちなむ遺品が残されている浦島寺の碑

コラム❶ 浦島太郎伝説

亀の報恩によって竜宮城を訪れたという全国的に伝わる説話物語。

この物語は、出典や地域によって多少内容の違いがある。横浜市神奈川区に伝わる話では、ある日のこと、漁師の浦島太郎は、子供達によって亀がいじめられている場面に遭遇する。そこでその亀を助けて海に返してやった。その翌日、その亀は女房の姿となって小舟に現れ、昨日の礼として太郎を竜宮城に連れて行く。竜宮城では乙姫が太郎を歓待し、太郎は3年間そこで楽しい時を過ごした。やがて、太郎が帰る意思を伝えると、乙姫（他の話では「女房」）は「決して開けてはいけない」と言いつつ形見に美しい一つの玉手箱を渡した。そして太郎が再び浜に帰ると、不思議なことに太郎が知っている人は誰もいない。太郎が乙姫（または「女房」）と約束したことを破って玉手箱を開けると、中から煙が立ち上り、煙を浴びた太郎は一瞬にして老人の姿に変貌した。浦島太郎が竜宮城で過ごした日々は3年間だったが、地上では何百年もの長い年月が経っていたのである。

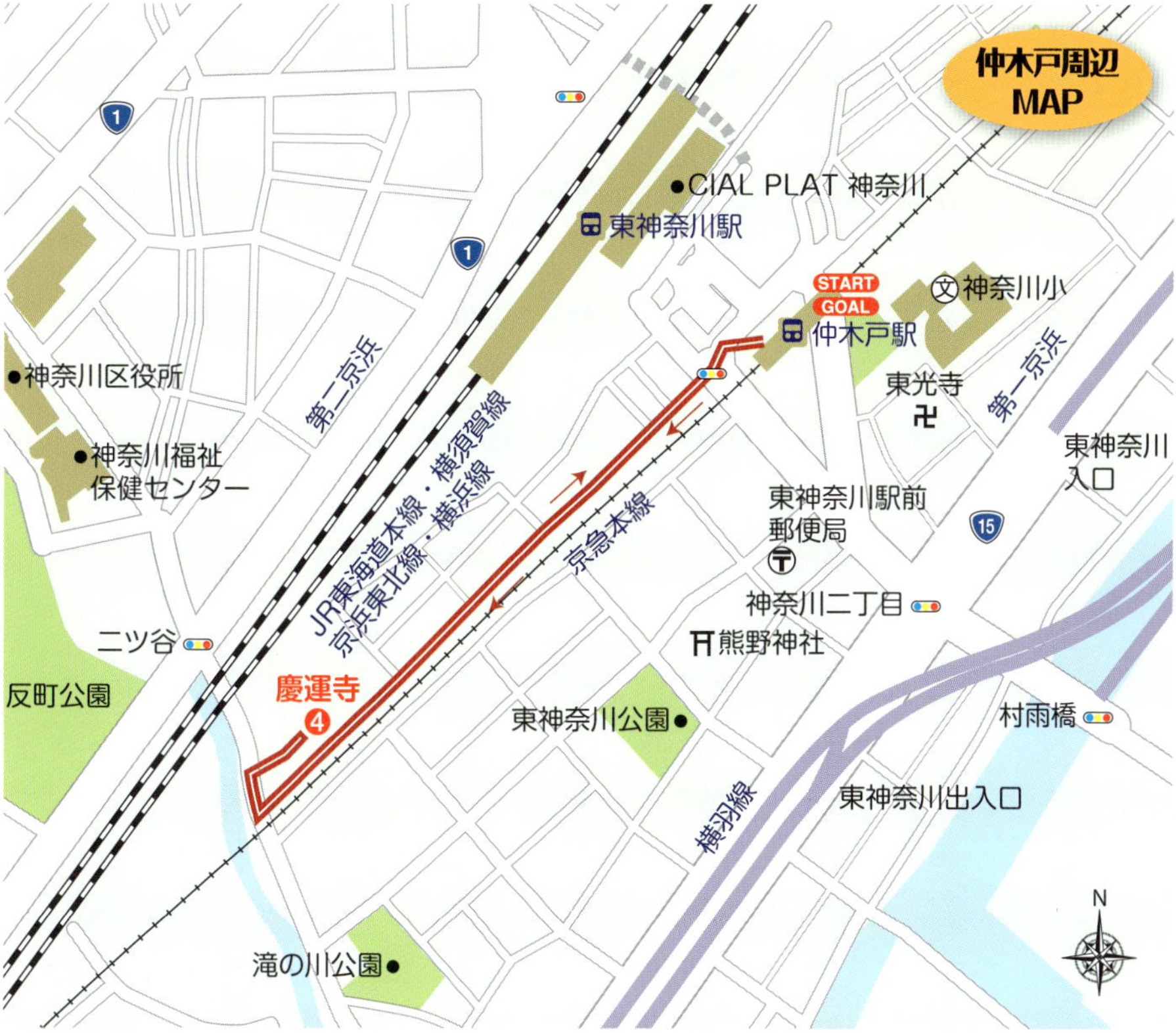
仲木戸周辺
MAP
CIAL PLAT 神奈川
東神奈川駅
START
GOAL
仲木戸駅
神奈川小
東光寺
第一京浜
東神奈川
入口
東神奈川駅前
郵便局
神奈川二丁目
熊野神社
京急本線
JR東海道本線・横須賀線
京浜東北線・横浜線
第二京浜
神奈川区役所
神奈川福祉
保健センター
二ツ谷
反町公園
慶運寺
4
東神奈川公園
村雨橋
東神奈川出入口
横羽線
滝の川公園
N

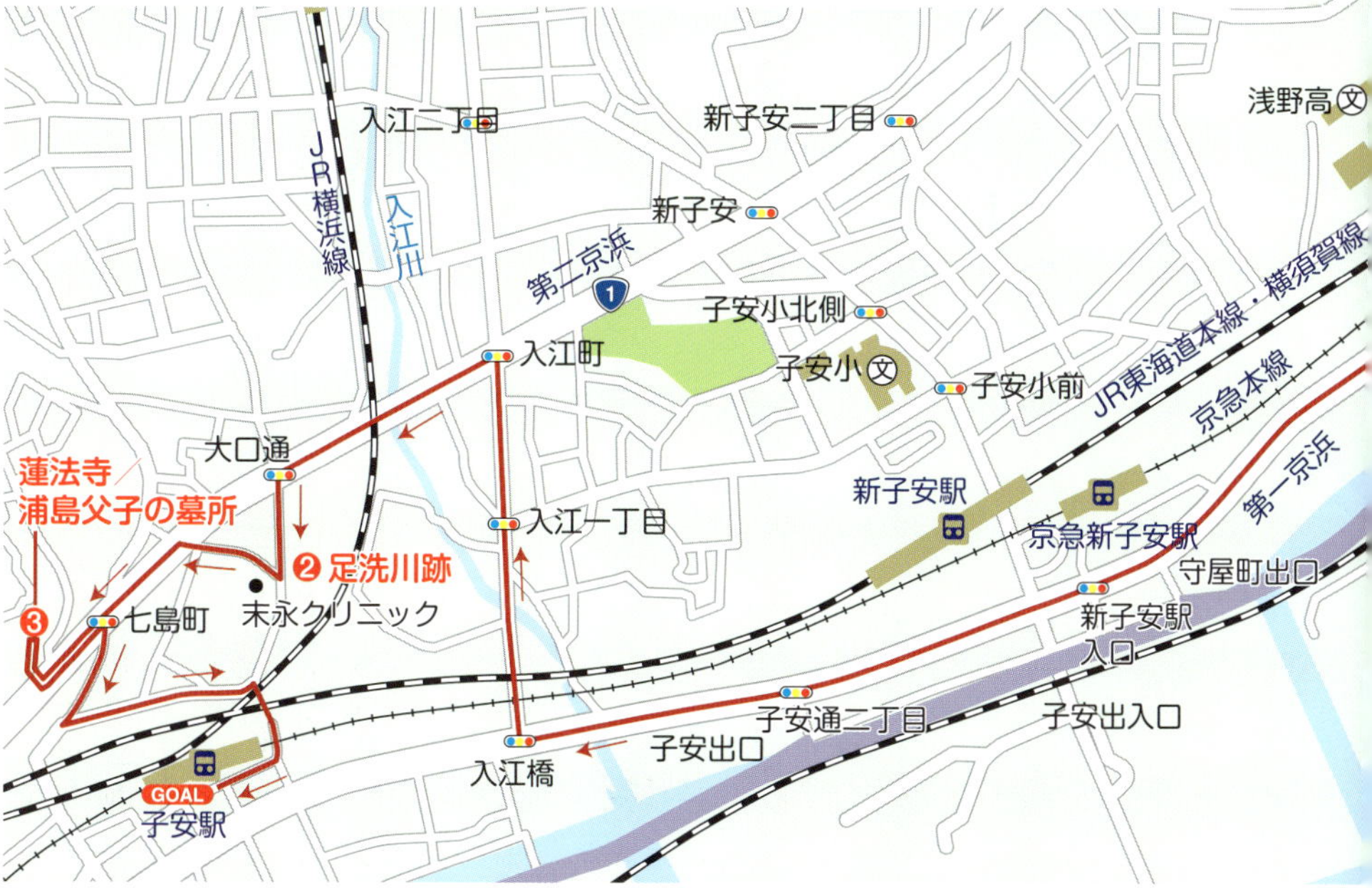
入江二丁目
新子安二丁目
浅野高
JR横浜線
入江川
新子安
第二京浜
子安小北側
子安小
子安小前
入江町
JR東海道本線・横須賀線
京急本線
第一京浜
大口通
蓮法寺／
浦島父子の墓所
2 足洗川跡
末永クリニック
入江一丁目
新子安駅
京急新子安駅
守屋町出口
3
七島町
新子安駅
入口
子安通二丁目
子安出入口
子安出口
入江橋
GOAL
子安駅

2 湘南深沢周辺

鎌倉幕府最期《さいご》の攻防の地を訪ねて

▲駒形神社

アクセス　【行き】湘南モノレール・湘南深沢駅
【帰り】湘南モノレール・湘南深沢駅

総距離　…約 2km　**徒歩による所要時間**　…約 30 分

コースガイド

湘南モノレール・湘南深沢駅を下車し、階段を下りて左へ向かいガード下に沿って湘南町屋駅方向へ歩いて行く。湘南深沢駅から下の柱に沿って白い柱3本、そこから赤い柱3本目が目印となる。この間に富士塚小学校入口交差点をまっすぐ渡り進む。市営深沢住宅第4の横の草地の中に①洲崎古戦場碑がある。大船駅に向って左側のモノレール橋柱の裏、市営住宅に入る小道の横に建っている。

　ここから富士塚小学校入口交差点まで戻り反対側の道に渡り左手に萬屋酒店を見ながらそのまままっすぐ進み、川を越えたら右に曲がると②大慶寺がある。

▲洲崎古戦場碑への目印となる赤い柱

　ここから左へ進み2本目を左に曲がると③等覚寺／北条一族の供養塔がある。ここを左へ進み三つ目の角を左へ進むと鎌倉市立深沢小学校にたどり着く。この敷地の隣に④御霊神社がある。

　この神社からは、鎌倉市立深沢小学校の1本先の道まで進み、左へ曲がりそのまま進んで左へ曲がる。さらにまっすぐ進むと右手に⑤駒形神社がある。ここから右に進み次の角を左にまっすぐ進めば湘南モノレール・湘南深沢駅へたどり着く。

▲新田義貞の鎌倉攻めで敗れた北条軍がこの地で布陣した

各史蹟解説

1 洲崎古戦場碑

元弘3（1333）年5月18日に新田義貞の鎌倉攻めで敗れた北条軍がこの地で布陣したが、ここで新田軍に追い詰められて激しい戦いを繰り広げ、多数の戦死者がでて敗れた。この激戦の場がこの碑の立つ場所である。

▲関東十刹の一つに制定された大慶寺

2 大慶寺

室町時代に鎌倉五山に次ぐ寺格の関東十刹の一つに制定された。関東十刹は関東では鎌倉の瑞泉寺、禅興寺の塔頭・明月院と同寺しか残っていない。山門の茅葺屋根が当時の面影を残している。

▲北条軍戦死者のための供養塔がある

3 等覚寺／北条一族の供養塔

鎌倉武将・梶原景時が休んだ地とも伝わり、山号の「休場山」の基とされる。新田義貞と激戦を繰り広げた洲崎古戦場から北

コースと所要時間

スタート ▼湘南モノレール線 湘南深沢駅
↓ 0.3km 4分
1 洲崎古戦場碑
↓ 0.3km 4分
2 大慶寺
↓ 0.21km 2分
3 等覚寺／北条一族の供養塔
↓ 0.5km 6分
4 御霊《ごれい》神社《じんじゃ》（梶原神社）
↓ 0.35km 5分
5 駒形神社（大庭景親ゆかりの神社）
↓ 0.35km 4分
ゴール ▼湘南モノレール線 湘南深沢駅

条軍の多数の戦死者が出土したため同寺に供養塔がある。また明治時代には現在の鎌倉市立深沢小学校（梶原景時と一族墓地がある）の前身となる「訓蒙学舎」が創設された。

④ 御霊神社《ごれいじんじゃ》（梶原神社）

隣の鎌倉市立深沢小学校敷地内に源頼朝に仕えた鎌倉武将・梶原景時一族の墓があるが、当神社はこの梶原景時（梶原平三景時）とその祖である梶原景政（梶原源五郎景時）の霊を祀り、御霊社としている。

▲梶原景時とその祖である梶原景政の霊が祀られている

⑤ 駒形神社（大庭景親ゆかりの神社）

平安時代末期の平家の家人・大庭景親は、石橋山の戦いで平家方の武士を率いて頼朝を撃破し、その後の源頼朝、武田信義と平維盛が戦った富士川の戦いで平氏に大勝したが、後に降伏し処刑された人物である。この大庭景親が所領であるこの地に建てたのが同社である。農業の守護神でこの地の鎮守でもある。

農業の守護神でこの地の鎮守▲

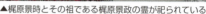

元弘の乱と洲崎古戦場

鎌倉時代末期のこと。鎌倉幕府においては、北条一族が権力を専横するばかりか、政務を顧みない得宗《とくそう》・北条高時《たかとき》に仕える内管領《うちかんれい》・長崎高資《たかすけ》が専権を振るって多くの御家人の不信を買うような事態になっていた。こうした実情に対して、政治に意欲を燃やしていた、時の後醍醐天皇は、側近とともに密かに討幕を計画するも、正中《しょうちゅう》元（1324)、この倒幕計画は密告によって発覚し、失敗に終わった（正中の変)。その後も政治の実情は変わらず、後醍醐天皇は鎌倉幕府討伐を再び密かに計画するも、元弘元（1331）年、これも発覚したことから（元弘の変)、翌元弘2年には、幕府によって後醍醐天皇は隠岐《おき》に流されることとなるばかりか、天皇側近の日野俊基《としもと》や正中の変により佐渡に幽閉中の日野資朝《すけとも》らが処刑されるに至った。
このことがきっかけとなって、大きく動き出した討幕への機運は、幕府の追及を逃れて潜行して討幕の準備を進めていた後醍醐天皇の皇子・護良《もりよし》親王の「北条高時を討伐せよ」の令旨《りょうじ》によって大きく高まった。このことで、各地の寺社や武士が討幕へと立ち上がり、ここから時代の流れは、一挙に鎌倉幕府滅亡へと突き進んでいくことになる。

本コース掲載の❶「洲崎古戦場」は、そうした状況の中で、もともと鎌倉幕府側の一武将であった新田義貞や有力御家人であった足利高氏（後に「尊氏」）が鎌倉幕府を攻撃（鎌倉攻め）する際に起きた幾多の合戦の中の一つの合戦場である。

元弘3（1333）年のこと、新田義貞は、元弘《げんこう》の変後に起きた千早《ちはや》城の戦い（後醍醐天皇の倒幕運動に呼応した河内の武将である楠木正成と鎌倉幕府軍との間で起こった合戦）では、初めは幕府軍の一員に加わっていたが、その途中帰国する際に、護良親王の令旨を得て北条氏に反旗を翻して挙兵したのである。その後新田軍は、小手指原《こてさしがはら》、久米川、そして分倍河原《ぶばいがわら》の合戦で幕府軍を撃破して勝ち進んだ。これを契機に鎌倉幕府は守勢に転じ、鎌倉に籠もり七つの切通しを固めたのである。

一方、新田軍は、分倍河原の戦いの後、援軍も加えて大軍に膨れ上がった。そしてその勢いで鎌倉攻めを行ったのである。
その際に新田勢は、軍勢を巨福呂坂、極楽寺坂、そして化粧坂の三つに分け、その三方から攻撃を開始した。

その中で、巨福呂坂は北条一門で執権の赤橋(北条)守時率いる幕府軍6万が守りを固めていた。5月18日、守時軍は巨福呂坂から出撃し、『太平記』によれば一日一夜の間に65回もの激戦を繰り広げたという。洲崎の地は、化粧坂を攻撃している新田軍の背後にあたる場所で、守時軍が合戦を繰り返しながら洲崎に到達した頃には、大半の兵を失っていた。いよいよ守時が新田軍を前にして劣勢に立たされた時、妹婿の足利高氏の幕府離反があったことや、得宗・北条高時への配慮もあり、最後は、自分は足利の縁者であるから退却できないと、その場で侍大将・南条高直ら90余名とともに自刃したのであった。

一方の新田軍は、5月21日夜、引き潮に乗じ鎌倉西方の稲村ヶ崎を突破し、鎌倉に攻め入った。そして、翌22日には鎌倉を落とし、北条高時ら北条一族を滅亡させるに至ったのであった。

3 北鎌倉から鎌倉へ

▲亀ヶ谷坂切通し

北鎌倉・亀ヶ谷坂切通しとその周辺をめぐる

アクセス 【行き】JR 横須賀線・北鎌倉駅
【帰り】JR 横須賀線／総武線・鎌倉駅（西口）

総距離 …約 4.3km　**徒歩による所要時間** …約 1 時間

コースガイド

JR・北鎌倉駅からバス通りへ出て左折し直進すると1東慶寺に着く。

さらに進んで線路を越え、660mほど進むと、長寿寺山門の横に2亀ヶ谷坂切通し入口がある。そこから切通しの坂を道なりに進んで坂を越えると、右手に3薬王寺がある。

切通しの道をさらに下ると4岩船地蔵堂がある。

地蔵堂から丁字路を左折して進み、2つ目の三叉路を左折してさらに進むと5浄光明寺に至る。来た道を地蔵堂まで戻って線路をくぐり、さらに直進すると6海蔵寺に着く。来た道を戻り、線路を左に見る道を進み、紀ノ国屋鎌倉店がある交差点を左折するとJR・鎌倉駅西口へ出る。

▲峠近くの壁面には六地蔵が掘られている

各史蹟解説

▲禅文化発展の拠点となった東慶寺

1 東慶寺

弘安8（1285）年、覚山尼により開創。かつては尼寺であり、女性が駆け込めば離縁ができる女人救済の縁切寺として知られ、現在も女性のみが入れる永代供養塚がある。明治後期からは男僧の禅寺となり、明治三十八年に釈宗演老師が中興の祖となった後は、禅文化発展の拠点となった。境内は花木が多く植えられ、四季折々に楽しめる。鎌倉三十三観音霊場の第32番札所。

2 亀《かめ》ヶ《が》谷《やつ》坂《ざか》切《きり》通《どお》し

鎌倉七口のひとつで、鎌倉市山ノ内～扇ガ谷を結ぶ。扇ガ谷側の坂が亀も登れないほどの急坂だったというのが名の由来と言われる。両側を樹木が囲む道は真夏でも涼しく、幅が狭いために自動車が通行禁止となっており、とても歩きやすい。岩を切った壁面が露出する峠の部分は、これこそ切り通しという風情が感じられる。峠近くの壁面には六地蔵が掘られている。

▲鎌倉市山ノ内～扇ガ谷を結ぶ亀ヶ谷坂切通し

3 薬王寺

かつては真言宗寺院だったが、永仁元（1293）年、日蓮の弟子日像により日蓮宗に改宗し、寛永年間に大乗山薬王寺と改称

▲江戸時代から徳川家と縁が深かった薬王寺

コースと所要時間

- スタート ▼JR横須賀線 北鎌倉駅
- 0.3km 4分
- 1 東慶寺
- 0.66km 8分
- 2 亀ヶ谷坂切通し
- 0.57km 7分
- 3 薬王寺
- 0.13km 2分
- 4 岩船地蔵堂
- 0.38km 5分
- 5 浄光明寺
- 0.76km 10分
- 6 海蔵寺
- 1.5km 19分
- ゴール ▼JR横須賀線／総武線 鎌倉駅（西口）

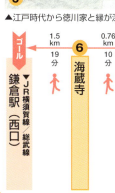

した。江戸時代から徳川家と縁が深く、一般市民の埋葬は許可されない格式の高い寺だった。寺紋にも三葉葵が使われている。本堂に安置されている日蓮像は11代将軍家斉が造らせた上半身が裸の像で、まとっているのは実物の袈裟・法衣。

▲頼朝の長女・大姫を葬ったとされる岩船地蔵堂

4 岩船地蔵堂

許嫁の源義高を父・源頼朝に殺され、その哀しみから自死した頼朝の長女・大姫を葬ったとされる堂（妹の乙姫の墓という説もある）。現在の堂は平成13（2001）年に再建されたもの。本尊である地蔵は内部の厨子に納められて拝観はできないが、元禄3（1690）年の堂再建の折に造られた木像が厨子の前に安置され、扉の隙間から見ることができる。

5 浄光明寺

建長3（1251）年頃、第5代執権北条時頼、第6代執権北条長時が創建したと言われる。以来、北条氏や足利氏との深い縁を持つ。後醍醐天皇に対し挙兵する直前の足利尊氏はこの寺に籠っていたと伝えられる。鎌倉三十三観音霊場巡りの第25番札所。

▲後醍醐天皇に対し挙兵する直前の足利尊氏が籠っていたと伝えられる

6 海蔵寺

鎌倉幕府滅亡時に焼失した寺を室町時代の応永元（1394）年に足利氏満の命により源翁心昭を開山として再興した寺院。境内には鎌倉十井のひとつである「底脱《そこぬけ》ノ井《い》」、岩穴の中にある謎めいた「十六の井」、「心字池庭園（非公開）」などがある。鎌倉有数の花の寺としても知られ、秋の萩をはじめとして年間を通しさまざまな花が楽しめる。鎌倉三十三観音霊場の第26番札所。

▶鎌倉有数の花の寺としても知られる

右の地図より続く

左下の地図へ続く

4 金沢八景から鎌倉へ

▲朝夷奈切通し

鎌倉街道「朝夷奈切通し」と御家人ゆかりの史跡をめぐる

アクセス　【行き】京急線・金沢八景駅
【帰り】ＪＲ横須賀線／総武線・鎌倉駅（東口）

総距離　…約 8.2km　**徒歩による所要時間**　…約 1 時間 50 分

コースガイド

京急金沢八景駅改札を出て、右に曲がって国道16号線に沿って進む。その先に京急線が通る高架下を潜って抜けると県道23号線に切り替わるのでそのまま進む。少し行くと右手に上行寺東遺復元整備地の案内碑があり、その横には六浦町内会館がある。この道と階段を上がって行けば高台に❶上行寺東遺跡がある。下に戻り県道23号線沿いに右に進んで行くと、道路に面して❷鼻欠地蔵をうかがうことができる。このまま進むと、京急バス停・朝比奈に着き、そこを背にしてまっすぐ坂道を上がれば❸朝夷奈《あさいな》切通《きりどうし》金沢区側入口がある。昔ながらの古道として、左に熊野神社や右手に進めば地蔵や磨崖仏などを拝むことができる。その先には❹朝夷奈切通鎌倉街道側入口／三郎の滝、そしてそこを抜けると二股道だが、右手に進んだ数メートル先右手に❺梶原太刀洗水がある。ここから右手にまっすぐ進んで住宅街を抜けると右手に鎌倉市十二所と県道204号線に突き当たる。そのまま川沿いに歩いて左に曲がって進むと❻光触寺がある。ここからまっすぐ進み、県道204号線に出て、道なりに鎌倉方向へ進む。川沿い左手3つ目の小さな橋を渡り、右手に川を見た細い住宅沿いの道に、❼大江広元邸跡の碑がある。そのまま進むとコンビニエンスストアが見え右手に明石橋がある。明石橋を戻る形で反対側に行くと県道204号線に生駒工務店の看板が目に入る。そちらの細い道に入った右手角の草地に❽大慈寺跡の碑がある。県道204号線に戻り、そのまままっすぐ鎌倉方向へ進むと仙水橋が見えてくる。その信号を渡るとすぐに京急バス停・泉水橋がある。

各史蹟解説

▲源頼朝と文覚が創建した浄願寺の跡とも考えられている

▲風化して鼻が欠けているため「鼻欠地蔵」と呼ばれている

1 上行寺東遺跡《じょうぎょうじひがしいせき》

昭和9（1984）年に鎌倉時代から室町時代初期にかけての横穴墓であるやぐら群がマンション建設の事前調査で発掘された同遺跡はマンション建設のため、造形保存という形で移転・再生復元されて現在に至る。現在では、洲崎町にある龍華寺の前身で、源頼朝と文覚が文治年間（1185〜1190年）に六浦山中に創建した浄願寺の跡であるという説が有力となっているが確実ではない。頼朝と文覚が創建した浄願寺の跡とも考えられ、高さ30メートルの丘陵に上段、中段の二つの平場と下部崖面から構成され、やぐら43基、の建物跡6基、五輪塔400塔、200体にのぼる人骨や古銭、陶磁器などが出土している。五輪塔や阿弥陀仏を浮き彫りしたやぐらもある。やぐらは主に鎌倉時代に使われ、室町時代まで墓地として利用されていたことがうかがえる。

2 鼻欠地蔵

横浜市金沢区に残る二つの磨崖仏のうちの一つで、鎌倉と金沢の街道を結ぶ県道23号線沿いに面している。この地は昔、相模国鎌倉郡に属し、峠村と呼ばれ、武蔵の国との国境が2m先にあった。崖に彫り込まれた4mほどの高さがあるお地蔵様の磨崖仏はいつごろ誰が彫ったものか不明だが、風化して鼻が欠けているため「鼻欠地蔵」と呼ばれているが、その昔はこの地蔵があった場所が相模国と武蔵国の国境であったため、「界地蔵《さかいじぞう》」とも呼ばれていたという。現在はさらに風化で原型がわからなくなっている。近年、道路工事のため、下の部分が誤って削られてしまった。

コースと所要時間

- スタート　▼京急線 金沢八景駅
- 1.7km　22分
- 1 上行寺東遺跡
- 1.1km　14分
- 2 鼻欠地蔵
- 1.0km　13分
- 3 朝夷奈切通金沢区側入口
- 2.1km　26分
- 4 朝夷奈切通鎌倉街道側入口／三郎の滝
- 5 梶原太刀洗水
- 1.3km　16分
- 6 光触寺
- 0.28km　4分
- 7 大江広元邸跡の碑
- 0.35km　4分
- 8 大慈寺跡の碑
- 0.35km　4分
- 京急バス停「泉水橋」　●鎌倉駅行きバスに乗車
- 3km　12分
- ゴール　▼JR横須賀線／総武線 鎌倉駅（東口）

▲3代執権北条泰時により開かれた

3 朝《あさ》夷《い》奈《な》切《きり》通《どうし》金沢区側入口

鎌倉七切通しの一つで、3代執権北条泰時により開かれた。塩の道とも呼ばれ、国の指定遺跡となっている。歩き抜ければ鎌倉市十二所へ出ることができる。和田義盛三男で豪男で知られた朝夷奈三郎義秀が一晩で切り開いた伝承から、この名が付いた。

4 朝夷奈切通鎌倉街道側入口／三郎の滝

鎌倉市が定めた朝夷奈切通鎌倉側入口は金沢区側からだと出口になる。この付近手前には、朝夷奈三郎にちなんだ小さな滝壺の三郎の滝がある。

▲金沢区側から入ると出口になる

5 梶原太刀洗水

鎌倉5名水の一つである。飲用はできない。小さいため見落としやすいが、鎌倉市によって「梶原太刀洗水」と書かれた看板が掲げられている。寿永2（1183）年に源頼朝の命を受けた梶原景時が上総介広常を討った後、この湧き水で血刀を洗ったとされている。

▲鎌倉5名水の一つである梶原太刀洗水

6 光触寺

弘安2（1279）年に一遍上人が開基したとされる。本尊は阿弥陀三尊で、京都の仏師・運慶作といわれ、国の重要文化財に指定されている。鎌倉に近い金沢街道は塩の行商人が通る道であり、光触寺には供え物の塩を舐めたとされる塩嘗地蔵がある。

7 大江広元邸跡の碑

元暦元（1184）年に源頼朝から鎌倉に招かれた大江広元は頼朝の側近となり、鎌倉幕府に開設された公文所が政所になると、その初代別当に任命された。源頼朝の死後も幕府で中心的な役割を担い多大な功績を

▲本尊は阿弥陀三尊で国の重要文化財に指定されている

遺した。源頼朝は大江広元に「相模国毛利荘」を与えた。この後、子孫は毛利姓を名乗り、戦国安芸の毛利氏に繋がり遂には中国地方最大の大大名へと飛躍した。尚、同地は大江広元の祖である大江大膳大夫の邸宅であったとも言われている。

▲同地は大江広元の祖である大江大膳大夫の邸宅であったともいわれている

8 大慈寺跡の碑

建保2（1214）年、3代将軍の源実朝が建立した寺院である。勝長寿院の「大御堂」に対して「新御堂」とも呼ばれていた。同年7月27日には、我が国臨済宗の開祖の高僧・栄西が呼ばれ、北条政子も参列し大供養が催され、正嘉元年には征夷大将軍宗尊親王の時に本堂・丈六堂・新阿弥陀堂・釈迦堂・三重ノ塔鐘楼等に修理が加えられたとある。現在は碑しかなく大慈寺は残っていないが、七堂伽藍を有する壮大な寺院であった。

▲かつて3代将軍の源実朝が建立した寺院・大慈寺があった

5

鎌倉周辺

鎌倉時代最大の防御遺構とその周辺をめぐる

▲名越の大切岸

アクセス 【行き】JR 横須賀線／総武線・鎌倉駅 (東口)
【帰り】JR 横須賀線・逗子駅 (西口)

総距離 …約 6.2km　**徒歩による所要時間** …約 1 時間 40 分

コースガイド

JR・鎌倉駅東口を出て駅前ロータリーを抜け、若宮大路に出たら右折して鎌倉郵便局を左折する。直進すると次の角の右手に❶本覚寺がある。本覚寺の前にある橋を渡り、左側の道を進むと❷妙本寺に着く。来た道を橋の手前まで戻り、今度は橋に向かって左に伸びる道を進む。大町四ツ角の交差点を左折してそのまま進むと左手に❸別願寺、少し先の右手に❹上行寺、さらに進んだ左手に❺安養院がある。来た道をJR・鎌倉駅東口まで戻り、JR横須賀線で逗子駅へ。逗子駅西口を出たら左へ道なりに進む。久木アイランド入口の信号を過ぎた少し先、踏切近くの三叉路から右の坂を登ると❻法性寺の山門に着く。そこからさらに坂を登ると左手に本堂がある。本堂の右側奥に続く大きく曲る急坂を登りきると、祖師堂などがある小さな広場に出る。その先にある墓地まで行くと、❼名越の大切岸が眺められる。来た道をJR・逗子駅西口まで戻る。

▲この山門から長い坂を登っていくと寺にたどり着く

各史蹟解説

1 本覚寺

鎌倉幕府を開く際、源頼朝が裏鬼門の鎮守として建て、その後、日蓮が辻説法の拠点としたと言われる夷堂を起源に、永享8（1436）年に一乗院日出《いちじょういんにっしゅつ》が創建。境内の分骨堂には身延山から分骨した日蓮の骨が祀られ「東身延」とも呼ばれる。昭和56年に再建された夷堂《えびすどう》（内にある夷様は武人姿が珍しい。鎌倉・江の島七福神の恵比寿様としても知られる。寺がある小町大路の一角には「日蓮上人辻説法跡」の碑も建つ。

▲源頼朝が裏鬼門の鎮守として建立した本覚寺

2 妙本寺

日蓮を開山とする日蓮宗最古の寺で、創建は文応元（1260）年。寺がある比企谷《ひきがやつ》は鎌倉幕府の有力な御家人であった比企一族の屋敷があった場所。源氏との関わりが深かった比企一族だが、のちに北条氏に滅ぼされる。唯一生き残った比企能本《よしもと》は日蓮に帰依し、一族の菩提を弔うため屋敷跡に寺を建てたと言われる。桜や海棠など花の名所としても人気がある。

▲かつて鎌倉幕府の有力な御家人であった比企一族の屋敷があった場所に建っている

3 別願寺

こぢんまりとした本堂は一見すると個人宅の風情。しかし本来は鎌倉公方代々の菩提寺であり、鎌倉時宗の中心として栄えた寺。江戸時代には徳川家康から土地の寄進を受けたという歴史も持

▲鎌倉公方代々の菩提寺であり、鎌倉時宗の中心として栄えた別願寺

コースと所要時間

- スタート ▼JR横須賀線／総武線 鎌倉駅（東口）
- 0.42 km 5分（徒歩）
- 1 本覚寺
- 0.2 km 3分（徒歩）
- 2 妙本寺
- 0.58 km 7分（徒歩）
- 3 別願寺
- 0.03 km 0分（徒歩）
- 4 上行寺
- 0.1 km 1分（徒歩）
- 5 安養院
- 0.98 km 12分（徒歩）
- JR「鎌倉駅」東口
- 3.9 km 5分（電車）
- JR「逗子駅」西口
- 1.7 km 35分（徒歩）
- 6 法性寺
- 0.21 km 10分（徒歩）
- 7 名越の大切岸観賞地
- 2 km 30分（徒歩）
- ゴール ▼JR横須賀線 逗子駅（西口）

つ。境内にある永享の乱を起こした四代鎌倉公方・足利持氏の供養塔は鎌倉最大級の宝塔。春、本堂脇に咲く大木の藤も見応えがある。鎌倉三十三観音霊場巡りの第13番札所。

4 上行寺

日蓮の孫弟子・日範《にちはん》が正和2（1313）年に創建。北条政子が源頼朝にできたできものを治すため参拝したことから瘡守稲《かさもりいな》荷《り》と呼ばれるようになった。万病を封じるご利益があるとして全国的に知られ、特に癌に効能がありとされ、御朱印にも「癌封じ」と書かれる。山門裏側にある左甚五郎作と伝わる龍の彫刻も見どころ。

▲北条政子が源頼朝にできたおできを治すため参拝した寺院

▲ツツジの寺としても知られる

5 安養院

北条政子が夫・源頼朝の菩提を弔うため創建した長楽寺が鎌倉時代末期に焼失したのち、大町の善導寺に複数の寺と統合され安養院長楽寺と号したのが始まり。境内にある宝篋印塔は鎌倉最古のもので、善導寺を開山した尊観（そんかん）の墓と伝えられる。ツツジの寺としても知られ、春は敷地内外が赤紫色の花で埋まる。鎌倉三十三観音霊場の第3番札所。

6 法性寺

JR横須賀線の線路脇にある山門から長い坂を登ってようやくたどりつく寺は、日蓮四大法難のひとつである松葉ヶ谷法難の際に、日蓮が白い猿に導かれて難を逃れた岩屋があった地に建立されたと伝えられる。正式名称は猿畠山《えんばくさん》法性寺。岩屋は本堂から坂を登った境内山上、祖師堂の脇に今も残り、山門にも白猿の彫刻があしらわれている。

▲日蓮が白い猿に導かれて難を逃れた岩屋があった地に建立された

7 名越《なごえ》の大切岸《おおきりぎし》

鎌倉七口のひとつ、鎌倉～三浦をつなぐ名越切通しに造られた人工の石壁。北条氏が衣笠城を本拠とする有力武族の三浦氏の侵入を防ぐために築いた防御遺構と言われていたが、近年の研究では中世の石切場跡という説が有力。いずれにしろその巨大さは見事で、かつての人々の偉業に感嘆させられる。壁の高低差は約4m、最も高い所は約10mあり、総延長は約800m。これを眺める法性寺の墓地は本堂脇から続く坂もしくは階段を辿って行くことができる。

▲鎌倉～三浦をつなぐ名越切通しに造られた人工の石壁

鎌倉駅周辺
MAP
START
GOAL
鎌倉駅
東口
市役所前
鎌倉市役所
御成小
ふれあい
鎌倉ホスピタル
若宮大路
小町大路
鎌倉郵便局
滑川
❶本覚寺
❷妙本寺
常栄寺
大宝寺
大町四ツ角
❸別願寺
❹上行寺
❺安養院
江ノ島電鉄
JR横須賀線
第一小
鎌倉女学院高
鎌倉署
21
311

逗子駅周辺
MAP
❼名越の大切岸観賞地
❻法性寺
名越溜池
ハイランド朝陽丘公園
法性寺山門
久木ハイランド入口
JR横須賀線
311
久木中
久木神社
妙光寺
聖和学院高
久木小
小坪入口
逗子久木郵便局
久木郵便局前
205
START
GOAL
逗子駅西口
川間川
池田通り

源氏・足利氏の故地

▲妙法寺跡／護良親王墓

アクセス 【行き】ＪＲ横須賀線／総武線・鎌倉駅（東口）
【帰り】ＪＲ横須賀線／総武線・鎌倉駅（東口）
総距離 …約 6.3km 徒歩による所要時間 …約 1 時間 20 分

源氏・足利氏の故地をめぐる

コースガイド

ＪＲ・鎌倉駅東口から若宮大路を左折する。清水病院を右へ行くと、小町大路（県道２０４号線）に突き当たるので、そこを左へ入る。四つ目の角を右へ入ったところに❶宝戒寺がある。

小町大路まで引き返し、右（先）へ進むと二つ目の信号（岐れ路）の手前の道を左へ曲がってまっすぐ進んだところに階段がある。その先にあるのが❷源頼朝墓である。

階段を降り、清泉小学校の角を左折し、小学校を右手に進んで二つ目の辻を左折すると階段がある。そこを登ったところにあるのが❸荏柄天神社である。階段を降り、一つ目の辻を左折してまっすぐ行くと、その先に❹鎌倉宮がある。

鎌倉宮を出て左へ行き、角をさらに左折してしばらく行くと、テニスコートがある。その石垣の上に❺永福寺跡碑がある。

その先を右に行き、橋を渡ってしばらく行くと、最初の角に❻妙法寺跡碑があり、左手の山が護良親王墓となっている（護良親王墓に上る場合は、急こう配の階段で手すりもないため十分注意が必要）。

角を右折してまっすぐ道なりに進むと、鎌倉市第二小学校があり、その角を左折する。小町大路に戻るので、そこを左折。しばらく行ったところの左手に❼杉本寺がある。そこをさらにまっすぐ進むと、「報国寺前」の信号があるので、そこを右折。その先に❽報国寺がある。

小町大路に突き当たったところにある浄明寺の信号を左折し、そのままっすぐ進むと、若宮大路へと戻る。清水病院を左折し、「鎌倉駅入口」の信号を右折すれば、ＪＲ・鎌倉駅東口へと戻る。

各史蹟解説

1 宝戒寺

▲かつての北條邸跡に建てられた碑

天台宗の宝戒寺は、北条義時以来、北条家の屋敷であった場所にある。鎌倉幕府が滅亡して北条氏が滅ぶと、後醍醐天皇の命で、足利尊氏によって建武2（1335）年、屋敷跡に宝戒寺が建立された。本尊は国の重要文化財である子育経読地蔵大菩薩。聖徳太子を祀る太子堂、北条氏を供養する宝篋印塔や鐘楼がある。

2 源頼朝墓

▲江戸時代、島津家によって186㎝ほどの五層の石塔が建てられた

建久10（1199）年、落馬が原因で（諸説有り）、53歳で亡くなったといわれる源頼朝は、現在の白旗神社、当時の大蔵法華堂に葬られたという。江戸時代、島津家によってその脇を登った186㎝ほどの五層の石塔が建てられ、源頼朝墓として祀られている。

3 荏《え》柄《がら》天《てん》神《じん》社《じゃ》

▲鎌倉幕府の鬼門を守護する神社として崇められた荏柄天神社

荏柄天満宮ともいわれ、北野天満宮（京都）、太宰府天満宮（福岡）に並ぶ日本の三天神のひとつとされる。長治元（1104）年の建立といわれ、鎌倉幕府の鬼門に位置する守護神社である。小田原北条氏を攻略した豊臣秀吉が、徳川家康に社殿の造営を命じたといわれている。本殿は鶴岡八幡宮の余り木で修理されてきた鎌倉最古の木造建築で、国の重要文化財。

4 鎌倉宮

足利直義が護良親王を幽閉した東光寺のあった場所。後醍醐天皇の第三皇子である護良親王は、

コースと所要時間

スタート ▼JR横須賀線／総武線 鎌倉駅（東口）
1km 12分
1 宝戒寺
0.65km 8分
2 源頼朝墓
0.35km 4分
3 荏柄天神社
0.25km 3分
4 鎌倉宮
0.2km 2分
5 永福寺跡
0.15km 2分
6 妙法寺跡／護良親王墓
0.85km 11分
7 杉本寺
0.35km 4分
8 報国寺
2.5km 31分
ゴール ▼JR横須賀線／総武線 鎌倉駅（東口）

元弘の変以降、父とともに鎌倉幕府討幕に動いた。鎌倉幕府滅亡後は足利尊氏と対立、謀反の罪を着せられ、ついには鎌倉に幽閉される。北条一族乱入の折、足利直義が敗走する際に護良親王を殺害した。鎌倉宮は別名大塔宮とも呼ばれ、明治2（1869）年、護良親王の功績を後世に伝えたいという明治天皇によって建てられた。社殿には護良親王を幽閉したといわれる土牢がある。

4

▲後醍醐天皇の皇子・護良親王を祭神とする鎌倉宮

5 永《よう》福《ふく》寺《じ》跡《あと》

国指定史跡。源頼朝が、源義経や藤原泰衡などの奥州合戦犠牲者の慰霊として建立した。平泉の中尊寺二階大堂（大長寿院）に倣ったといわれる。二階堂を中心に薬師堂、阿弥陀堂を配し、前面に大きな池があったという。応永12（1405）年に焼失。鶴岡八幡宮、勝長寿院と並ぶ、源頼朝が建てた三大寺院である。現在は空き地になっており、史跡の木塔が石垣の上に建っている。

5

▲神奈川県鎌倉市二階堂にある永福寺跡

6 妙法寺跡／護良親王墓

北条高時の遺児である時行が「中先代の乱」と呼ばれる反乱を起こした建武2（1335）年、護良親王の身柄が敵方に奪われるのを怖れた足利直義が部下の淵野辺義博に親王殺害を命じた。義博の刀に飛びついた親王は刀の刃を歯で噛み折り、死んでも離さなかったという伝説が残っており、打ち捨てられた護良親王の首は、理智光寺の僧によって葬られたという。護良親王の墓は理智光寺跡にある。現在の妙法寺の裏手に当たる。急な階段を上った山頂に、ひっそりと眠っている。

6

▲ここから先に行くと護良親王墓がある

7 杉《すぎ》本《もと》寺《でら》

行基による開山とされる鎌倉最古の寺。自ら彫り上げた観音像を安置し、天平6（734）年、光明皇后の夢のお告げによって本堂を建立する。文治5（1189）年、火災に見舞われるも大杉のおかげで3体の仏像が火を免れた。杉の本の観音ということで、杉本寺と呼ばれるようになったと伝わる。本尊は十一面観音。

▲行基が開いたと伝えられる鎌倉最古の寺

8 報国寺

禅宗の寺院である報国寺は、建武元（1334）年に建立された。永享の乱の折、足利義久が自刃している。本尊は市の重要文化財となっている釈迦如来で、三門から右階段を上ったところに祀られている本堂がある。孟宗の竹林は古くから有名である。文化財の多くは鎌倉国宝館に所蔵。

▲足利・上杉両氏の菩提寺として栄えた

▲九品寺

7 材木座・和賀江

材木座・和賀江をめぐる ～かつての繁栄の地をしのぶ～

アクセス 【行き】 JR横須賀線／総武線・鎌倉駅（東口）
【帰り】 JR横須賀線／総武線・鎌倉駅（東口）

総距離 …約 4.2km　徒歩による所要時間 …約 1 時間

コースガイド

JR・鎌倉駅東口からバスロータリーを右に、東急ストア前の道を進むと左に県道21号線に出る道がある。県道21号線先にぶつかったら、ガードをくぐらずに前方の信号を渡り、そのまま線路に沿って歩いて行く。踏切を渡った先左手に❶延命寺がある。踏切に向かい渡らずに右の踏切沿いの道をまっすぐ進み、次の角を右に曲がり190mほど進んだらまた右に曲がる。そのまま少し進むと二股になり、そこを左に曲がり京急バス停・病院前を越えてまっすぐ進む。左手に入口となる「元鶴岡八幡」の石柱があるので、その道を進めば❷由比若宮・元八幡宮だ。ここから左に向かい、次を右に向かって進むと水道路の信号に出るので、その先を左に曲がって進むと❸来迎寺（隋我山）がある。ここから左に向かうとすぐ❹五所神社で、さらに左に進めば❺実相寺に到る。ここから左に向かい次を右へ曲がり、さらに左へ曲がると九品寺前交差点に到り、そこを右に曲がれば❻九品寺に到着する。ここから九品寺前交差点へ戻り右へ行き、魚梅商店の前を左へ曲がりまっすぐ行って京急バス停・材木座を通り越し、さらにまっすぐ進むと三叉があるがそのまま右に進むと京急バス停・光明寺がある。その左手に進めば❼光明寺に到着する。ここを背にしてまっすぐ前に進むと細い道になり、材木座海岸に出るトンネルをくぐると❽材木座海岸／和《わ》賀江嶋《かえのしま》の碑がある。材木座海岸から一番左に向かった海岸が終わる地点の向かいに和賀江嶋の碑があるが、引き潮でなければ見ることができない。ここから先ほどの光明寺前に戻り京急バス停・光明寺からバスに乗りJR・鎌倉駅東口へ戻る。

各史蹟解説

▲5代鎌倉幕府執権・北条時頼の妻が建立したとされる

1 延命寺

5代鎌倉幕府執権・北条時頼の妻が専蓮社昌誉能公を開山として建立したとされる。双六盤《すごろくばん》を使った双六の勝負で、負けたら裸になるという賭けをした時頼夫婦が劣勢となり、夫人が信仰していたお地蔵様を念じたところ裸のお地蔵様が双六板上に現れて救ったといわれている。このいわれから双六盤の上に安置された身代わり地蔵が祀られている。

▲源氏の守り神・京都の石清水八幡宮の祭神を移して祀った

2 由比若宮・元八幡宮（現在の鶴岡八幡宮の前身）

住宅街の中に佇む、赤い鳥居が目印の神社。平安時代に源頼朝の5代前の相模守・源頼義《よりよし》が東北での戦に勝利して京に帰る途中、鎌倉のこの地に源氏の守り神・京都の石清水八幡宮の祭神を移して祀ったとされ、その後頼朝が現在の鶴岡八幡宮がある場所に社殿を移したため元八幡と呼ばれるようになった。

▲元は三浦大介義明の冥福のために建立した寺

3 来迎寺（隋我山）

来迎寺は、鎌倉の材木座と西《にし》御門《みかど》の2つの場所にある。材木座にある同寺は建久5（1194）年に源頼朝が旗揚げの際に頼朝

コースと所要時間

- スタート：鎌倉駅（東口）▼JR横須賀線／総武線
- 0.5km 6分
- 1 延命寺
- 0.5km 6分
- 2 由比若宮・元八幡宮 ●現在の鶴岡八幡宮の前身
- 0.55km 7分
- 3 来迎寺（隋我山）
- 0.03km 0分
- 4 五所神社
- 0.13km 2分
- 5 実相寺
- 0.27km 3分
- 6 九品寺
- 0.86km 11分
- 7 光明寺
- 0.69km 9分
- 8 材木座海岸／和賀江嶋の碑
- 0.7km 9分
- バス停「光明寺」●鎌倉駅行バスに乗車
- 2.2km 10分
- ゴール：鎌倉駅（東口）▼JR横須賀線／総武線

に加勢して平氏の軍勢と戦い、89歳で戦死した三浦半島の衣笠城主・三浦大介義明の冥福のために建立した真言宗・能蔵寺《のうぞうじ》があった場所であった。後にここで開山した音阿が時宗に帰依して改宗し来迎寺としたとされる。境内には、三浦義明の墓や高さ2mほどの大きな五輪塔がある。

4 五所神社

材木座の氏神である。明治6（1873）年に三島社が材木座の鎮守として村社となった。その後、明治41（1908）年に同じ町内にあった八雲社、諏訪社、金比羅社、視女八坂社が合祀されて五所神となった。毎年6月第2日曜日には3基の神輿が繰り出し、うち2基が海に入る「乱材《みざい》祭り」が行われ大変な賑わいを見せる。

▲八雲社、諏訪社、金比羅社、視女八坂社が合祀されて五所神となった

5 実相寺

境内は鎌倉時代の武将工藤祐経の屋敷跡であった。文永8（1271）年に、日蓮の弟子・日昭が一門の教化・統率の拠点として濱土法華堂を開いたが、日蓮入滅後の弘安7（1284）年に濱土法華堂を法華寺と改めたことがはじまりとされる。現本堂は明治初年の火災の後に再建された。本堂右手奥の墓地には日昭上人墓がある。

▲もとは鎌倉時代の武将工藤祐経の屋敷跡

6 九品寺《くほんじ》

元弘3（1333）年、鎌倉攻めをした新田義貞が本陣を構えた場所に北条方の戦死者の霊を慰めるため建武3（1336）年に建立したといわれる。新田義貞の筆の写しと言われる「内裏山」と「九品寺」の額が山門と本堂に掲げられている。また本堂には直筆とされる額が保存されている。

▲北条方の戦死者の霊を慰めるため延元２年に建立

7 光明寺

仁治元（1240）年に浄土宗三祖然阿良忠が開山し蓮華寺

▲４代執権・北条経時が現在の地に移して光明寺と改めた

を鎌倉・佐助ヶ谷に建てたが、寛元元（1243）年に4代執権・北条経時が現在の地に移して光明寺と改めたのがはじまりといわれる。経時亡き後は、時頼をはじめ代々の執権が敬い、江戸時代には浄土宗学問所の関東十八檀林（有名な学問所）第一位として大いに栄えた。

8 材木座海岸／和賀《わか》江嶋《えのしま》の碑

材木座海岸にある「和賀江嶋《わかえのしま》の碑」と、石で陸続きになる「和賀江嶋」は、引き潮の時にだけ現れる。鎌倉時代の鎌倉の物流を支えて商業地域として栄えるきっかけとなった和賀江嶋は現存する日本最古の築港遺跡。

▲引き潮の時にだけ現れる和賀江嶋の碑

▲東勝寺跡　北条高時切腹やぐら

8 大船から鎌倉へ

鎌倉幕府の執権であった北条一族ゆかりの地をめぐる

アクセス　【行き】JR 東海道本線／横須賀線・大船駅（東口）
【帰り】JR 横須賀線／総武線・鎌倉駅（東口）

総距離　…約 8.1km　**徒歩による所要時間**　…約 1 時間 40 分

コースガイド

JR・大船駅東口へ出て地上に降り、右手へ進み、大船駅東口交通広場前交差点を左折してさらに進む。大船図書館・大船中学校を過ぎると左手に❶常楽寺がある。来た道を大船駅へ戻り、JR横須賀線で北鎌倉駅へ。

北鎌倉駅臨時改札口を出るとすぐ❷円覚寺がある。円覚寺を出たら道をさらに線路に沿って進み、3つ目の角を左折。道の奥へ進むと突き当たりに❸明月院がある。ふたたび線路沿いまで戻って先へ700mほど進むと❹建長寺に着く。建長寺山門前に戻り、さらに道を大きく曲がりながら鎌倉方面へ進むと❺鶴岡八幡宮に至る。八幡宮正面の大鳥居を出たら左へ進むと正面に❻宝戒寺がある。宝戒寺を出たら左へ進み、2つ目の角を左折。道の奥にある東勝寺橋を渡ってその先の坂を登って奥へと進むと、祇園山ハイキングコース入口から少し先の森の中に❼東勝寺跡の石碑が建ち、その左手奥に自刃した北条高時らの墓である腹切りやぐらがある。来た道を鶴ヶ岡八幡宮まで戻り、鳥居前から若宮大路をJR・鎌倉駅東口へと向かう。

▲本コースのゴールとなる鎌倉駅東口

各史蹟解説

1 常楽寺／北条泰時の墓／木曽義高塚

嘉禎3（1237）年、鎌倉幕府の第3代執権だった北条泰時が夫人の母の追善供養のために創建したと伝えられる。境内の仏殿裏手には北条泰時や源頼朝に討たれた木曽義高（木曽義仲の嫡子で頼朝と北条政子の間に生まれた長女大姫の許嫁として鎌倉に送られた）の墓がある。鎌倉国宝館に収蔵されている重要文化財指定の梵鐘はこの寺のもの。鎌倉幕府第5代執権・北条時頼が祖父泰時の追善供養で造ったと伝えられるこの鐘には「宝治2年・寺号常楽」と刻まれており、寺号の入った鐘としては鎌倉最古とされる。

2 円覚寺《えんかくじ》

弘安5（1282）年、鎌倉幕府第8代執権・北条時宗が無学祖元禅師を招いて創建。臨済宗円覚寺派の大本山であり、鎌倉五山第二位。境内の舎利殿と洪鐘《おおがね》はいずれも国宝指定。15世紀（室町時代中期）の建築と推定されている入母屋造りの舎利殿には源実朝が南宋から請来した仏舎利（釈尊の遺骨）が安置されている。洪鐘は北条時宗の子貞時が正安3（1301）年に寄進したもので、関東最大の大きさを誇る。

［拝観］（3月～11月）午前8時00分～午後4時30分／（12月～2月）午前8時00分～午後4時00分／無休（悪天候による休館あり）／［拝観料］大人300円／小人100円

1
▲北条泰時が夫人の母の追善供養のために創建したと伝えられる

2
▲北条時宗が無学祖元禅師を招いて創建した

コースと所要時間

スタート ▼JR東海道本線／横須賀線 大船駅（東口）
↓ 1.4km 18分
1 常楽寺／北条泰時の墓／木曽義高塚
↓ 1.4km 18分
JR「大船駅」東口
↓ 3分
JR「北鎌倉駅」
↓ 0.08km 1分
2 円覚寺
↓ 0.63km 8分
3 明月院
↓ 0.95km 12分
4 建長寺
↓ 1.4km 18分
5 鶴岡八幡宮／鶴岡二十五坊
↓ 0.25km 3分
6 宝戒寺
↓ 0.46km 6分
7 東勝寺跡の石碑／北条氏滅亡の地
↓ 1.5km 19分
ゴール ▼JR横須賀線／総武線 鎌倉駅（東口）

3 明月院

元は北条時宗が建立した禅興寺の塔頭のひとつ。禅興寺は明治時代初めに廃寺となり、この明月院のみが残った。あじさい寺の通称で広く知られる通り、境内には数千株の紫陽花が植えられている。「本堂後庭園」は普段非公開だが、花菖蒲と紅葉の時期のみ特別公開される。鎌倉三十三観音霊場巡りの第30番札所。

［拝観］ 午前9時00分〜午後4時00分／（6月のみ）午前8時30分〜午後5時00分／無休／**［拝観料］** 300円（6月は大人600円）／本堂後庭園は別途500円

▲あじさい寺の通称で広く知られる

4 建長寺

建長5（1253）年、第5代執権・北条時頼が蘭渓道隆を招いて創建した寺。臨済宗建長寺派の大本山で日本初の禅専門道場でもある。鎌倉五山第一位。三門東側にある梵鐘は建長7（1255）年の鋳造で、蘭渓道隆による銘が刻まれており、国宝に指定されている。関東最大の法堂は江戸時代後期の文化11（1814）年に再建されたもの。鎌倉三十三観音霊場巡りの第28番札所。

［拝観］ 無休／午前8時30分〜午後4時30分／**［拝観料］** 大人300円／小人100円

▲北条時頼が蘭渓道隆を招いて創建した

5 鶴岡八幡宮／鶴岡二十五坊

康平6（1063）年、奥州平定を果たした源頼義が京都の石清水八幡宮を鎌倉由比ヶ浜に祀ったことを起源とし、治承4（1180）年、源頼朝によって現在の地に遷宮され、幕府の宗社としての姿が整えられた。当時は神仏混淆の施設であり、境内にある二十五の住坊に置かれた供僧を総称して鶴岡二十五坊と呼んだ。

5
▲広大な境内は大銀杏や牡丹の名所としても広く知られる

6 宝戒寺

建武2（1333）年、後醍醐天皇から北条高時ら滅亡した北条一族を弔う命を受けた足利尊氏によって、北条氏屋敷跡に建てられた天台律宗の寺。年間を通して花を楽しめる名所としても知られでもあり、特に秋の萩が見事なことから萩寺の通称でも知られる。鎌倉三十三観音霊場巡りの第2番札所。

［拝観］午前8時00分～午後4時30分／無休／［拝観料］大人100円／小人50円

6
▲足利尊氏によって、北条氏屋敷跡に建てられた

7 東勝寺跡の石碑／北条氏滅亡の地

東勝寺はかつて鎌倉葛西ケ谷にあった北条氏の菩提寺のひとつ。元弘3（1333）年、鎌倉幕府の第14代執権だった北条高時ら北条氏一族は鎌倉に攻め入った新田義貞軍に最後まで抵抗し東勝寺に籠ったが、追い詰められた末、寺に火を放って自刃。北条氏は滅亡することとなった。これを東勝寺合戦と呼ぶ。この合戦での戦死者を葬ったと伝わるやぐら（岩を掘った洞窟）が現存し、付近からは北条氏の家紋が入った陶片などが発見されている。

▲鎌倉に攻め入った新田義貞軍に抗い籠った寺の跡

北鎌倉〜鎌倉
MAP
N
六国見山
黄梅院
寿徳庵
START
北鎌倉駅
2 円覚寺
北鎌倉古民家ミュージアム
東慶寺
3 明月院
浄智寺
4 建長寺
鎌倉学園高
長寿寺
禅居院
円応寺
21
海蔵寺
薬王寺
第二中
浄光明寺
鶴岡八幡宮／
5 鶴岡二十五坊
源氏山公園
鎌倉中
寿福寺
八幡宮前
JR横須賀線
若宮大路
6 宝戒寺
滑川
7
東勝寺跡の石碑／
北条氏滅亡の地
二の鳥居前
鎌倉市役所
御成中
御成小
GOAL
鎌倉駅
東口
江ノ島電鉄
妙本寺

▲写真の開祖・下岡蓮杖顕彰碑

9 文明開化の地①

文明開化の地をめぐる①

アクセス 【行き】ＪＲ京浜東北線／根岸線・関内駅（北口）
【帰り】ＪＲ京浜東北線／根岸線・関内駅（南口）

総距離 …約 3km　**徒歩による所要時間** …約 40 分

コースガイド

ＪＲ・関内駅北口を出て右に曲がり、関内大通りに直面したらその交差点を左に進むと「馬車道通り」の入口に到着する。そこを右折して馬車道通りを少し歩くと左手に**①近代街路樹発祥の地碑**がある。さらにまっすぐ進んだ右手に**②アイスクリーム発祥の地／太陽の母子像**が見える。

またさらに直進すると、関内ホールの裏側に位置して日本最初のガス燈を記念した**③ガス燈記念碑**がある。そしてまたまっすぐ進んだ右手に**④写真の開祖・下岡蓮杖顕彰碑**が置かれている。**⑤旧横浜正金銀行**（現・神奈川県立歴史博物館）は向かい側にある。そこをまっすぐ進み、「本町四」の交差点を渡って少し進むと左側に横浜第2合同庁舎がある。ここが**⑥旧生糸検査所跡**である。

さらにまっすぐ進んで行き、「海岸通四」交差点を右に曲がって海岸通りを進むと、右手に神奈川県庁がある。県庁の角にある「開港資料館前」の交差点付近右手に**⑦横浜開港資料館**がある。そこから「開港資料館前」の交差点に戻って県庁を右手に沿って歩くと、すぐに右手に**⑧神奈川運上所跡の碑**が見える。

さらにそのままっすぐ進んで行くと、左手に**⑨日本初コンクリート造り建造物／旧三井物産横浜ビル**が見える。そのまま関内駅の方向に進んで行くと横浜公園に突き当たる。その場所を右に曲がり、みなと大通りに突き当ったら左に曲がって向こう側に渡る。駅に向かって歩いて、2本目の道（入船通り）を右折し、関内仲通りを左折してすぐ左手に**⑩神奈川県電気発祥の地碑**がある。最後にそこから駅の方向に進んで行き、ＪＲ・関内駅南口にたどり着くと、その付近に**⑪港町魚市場跡の石碑**がある。

各史蹟解説

1 近代街路樹発祥の地碑

この碑が建っている馬車道通り沿いには、日本で最初に街路樹（柳と松）が植えられた。

1867年の事である。そもそも街路樹が植えられた目的は、その街の景観を美しく見せるというもの。これ以降、日本の街路樹は樹種の選択や植栽手入法などを欧米諸国から学び、著しい進歩と普及をとげたのである。

▲馬車道通り沿いは日本で最初に街路樹が植えられた

2 アイスクリーム発祥の地／太陽の母子像

日本におけるアイスクリームの発祥は、明治2年6月（1869年7月）のこと。横浜で氷水店を経営していた町田房三が、夏の季節にあわせてアイスクリーム「あいすくりん」を売ったことに始まる。

▲昭和51（1976年）年、日本アイスクリーム協会より寄贈された「太陽の母子像」

3 日本最初のガス燈／ガス燈記念碑

日本で初めてのガス灯は、明治5（1872）年9月29日（新暦10月31日）に大江橋～馬車道、本町通りにかけて点った。フランス人技師を招いて横浜瓦斯会社を設立した高島嘉右衛門の功績は大きい。現在では、当時を復

▲この壁面レリーフは横浜開港資料館所蔵の絵葉書を転写したもので、明治末期の馬車道

コースと所要時間

- スタート ▼JR京浜東北線／根岸線 関内駅（北口）
- 2.8km 3分
- 1 近代街路樹発祥の地碑
- 0.07km 1分
- 2 アイスクリーム発祥の地／太陽の母子像
- 0.1km 2分
- 3 日本最初のガス燈／ガス燈記念碑
- 0.2km 3分
- 4 写真の開祖・下岡蓮杖顕彰碑
- 0.02km 0分
- 5 旧横浜正金銀行 ●現・神奈川県立歴史博物館
- 0.35km 5分
- 6 旧生糸検査所跡 ●現・横浜第2合同庁舎
- 0.65km 8分
- 7 横浜開港資料館
- 0.2km 3分
- 8 神奈川運上所跡の碑
- 0.3km 4分
- 9 日本初コンクリート造り建造物／旧三井物産横浜ビル
- 0.45km 6分
- 10 神奈川県電気発祥の地碑
- 0.35km 4分
- 11 港町魚市場跡の石碑
- 0.02km 0分
- ゴール ▼JR京浜東北線／根岸線 関内駅（南口）

元したガス灯が碑の両側に立っている。なお10月31日のガス記念日はこれに由来する。

▲復元したガス燈

4 写真の開祖・下岡蓮杖顕彰碑

初の日本人写真師とされる下《しも》岡蓮杖《おかれんじょう》は、1867年にこの地に写真館を開いた。最初は「写真を撮られると命が縮まる」との噂が広がったことから日本人客は少なく外国人客が多かったが、その後日本人にも写真が浸透し、大変に賑わった。

▲初の日本人写真師とされる下岡蓮杖の顕彰碑

5 神奈川県立歴史博物館／旧横浜正金銀行《よこはましょうきんぎんこう》

横浜正金銀行は、貿易の増進や金融の円滑化を目的として建設された日本の金融機関である。明治13年（1880）年に開業した。当時の輸出品として代表的な生糸や茶、一方の輸入品である綿織物や毛織物などの取引が円滑に進まないことから、貿易金融・外国為替に特化した特殊銀行としての役割を果たした。

▲貿易金融・外国為替に特化した特殊銀行としての役割を果たした

6 旧生糸検査所跡（現・横浜第2合同庁舎）

横浜港は、日本有数の貿易港であり、明治期に海外との貿易の中で、最も重要な役割を果たしていたのが生糸であった。しかし、生糸の品質にも産地によるばらつきがあったため、明治29（1896）年に官立の生糸検査所が設立された。

▲明治29（1896）年に設立された

7 横浜開港資料館

昭和56（1981）年に開館した。日本の玄関、貿易都市として発展してきた横浜について、19世紀半ばから関東大震災にいたる時期を主な対象として資料の充実に努めている。公私の文書記録、新聞雑誌、写真や浮世絵などの収集資料は、現在25万点を超えている。

▲現在 25 万点を超える資料が収蔵されている

［開館時間］午前9時30分～午後5時まで（入館は午後4時30分まで）／祝日を除く水曜日は展示室のみ午後7時まで開館（入館は午後6時30分まで）／［休館日］月曜日（月曜日が祝日の場合は翌日）、年末年始、資料整理日／［入館料］大人200円、小中学生100円／団体（20名以上）大人150円、小中学生80円
※毎週土曜日は高校生以下無料となる。

▲神奈川県庁本庁舎の敷地内にある神奈川運上所跡の碑

8 神奈川運上所跡の碑

横浜開港に伴い、安政6（1859）年に神奈川運上所が設けられた。神奈川奉行所の管轄で、現在の通関業務、船の入出港手続きのほか、洋銀両替、各国領事との交渉、違法行為取締りなどを受け持っていた。

9 日本初コンクリート造り建造物／旧三井物産横浜ビル

明治44（1911）年に三井物産横浜支店の事務所棟として竣工された日本で最初のコンク

▲日本で最初のコンクリート造建築のビル

リート造建築のビル。現在の名称はKN日本大通りビル。横浜の建物群が壊滅的な打撃を受けた関東大震災の際にも倒壊を免れた。設計には日本における鉄筋コンクリート技術の先駆者の一人である遠藤《えんどう》於莵《おと》が関わっている。

10 神奈川県電気発祥の地碑

神奈川県での電力供給は、明治22（1889）年、横浜共同電灯（後に横浜電気と改称）が県の許可を得て設立され、翌明治23（1890）年9月に試験送電を始めて10月から営業を開始した。当初の出力は100キロワットの直流式であった。

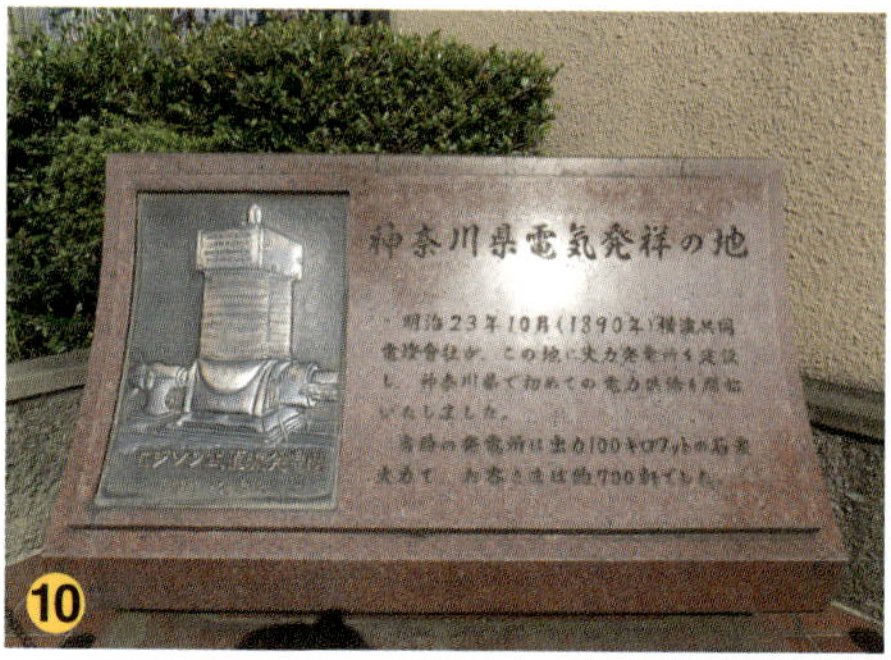

▲記念碑には当時の直流式発電機のレリーフが刻まれている

11 港町魚市場跡の石碑

高島嘉衛門が、明治4（1871）年に市場開設の許可を得て明治7（1874）年に開設した、船便からすぐに販売できる生鮮食品の市場跡。

▲当時、生鮮食品を扱う市場として賑わった

関内周辺 MAP
横浜第一港湾合同庁舎
万国橋通り
海岸通四丁目
横浜第二合同庁舎
旧生糸検査所跡(現・横浜第2合同庁舎) 6
馬車道駅
横浜アイランドタワー
海岸通三丁目
海岸通り
133
本町四丁目
本町通り
本町三丁目
旧横浜正金銀行
(現・神奈川県立歴史博物館) 5
本町二丁目
みなとみらい線
4 写真の開祖・
下岡蓮杖顕彰碑
大江橋
本町一丁目
馬車道
16
3 日本最初のガス燈／ガス燈記念碑
尾上町五丁目
関内仲通り（ベイスターズ通り）
近代街路樹発祥の地碑
2 アイスクリーム発祥の地／太陽の母子像
関内駅
関内大通り
馬車道
1
JR根岸線
横浜線
入船通り
みなと大通り
尾上町
吉田町
伊勢佐木町入口
尾上町通り
関内駅北口
START
関内駅北口
10
横浜住吉町局
カトレヤプラザ
伊勢佐木
羽衣町
尾上町一丁目
神奈川県電気発祥の地碑
横浜公園
16
羽衣町一丁目
関内駅
横浜市役所
市庁舎前
羽衣町二丁目
GOAL
港町魚市場跡の石碑
関内駅南口
11
関内駅南口
横浜スタジアム
ブルーライン
横浜公園出入口
不老町

▲旧フランス領事官邸遺構

文明開化の地をめぐる②

アクセス 【行き】JR 根岸線・石川町駅（北口）
【帰り】みなとみらい線・元町・中華街駅（5番口）

総距離 …約 2.6km　徒歩による所要時間 …約 35 分

コースガイド

JR・石川町駅北口を出て右にカーブをしながら直進していくとすぐに①横浜中華街の入口となる延平門（西門）が見える。その手前の信号を渡ってまっすぐに進んで次に善隣門を通る。そこが中華街大通りであるが、そのまま少し進んで中山路と交差する角を右折する。次の角で関帝廟通りに出たら、そこを右折するとすぐに右手に②横浜関帝廟がある。関帝廟を背にして右に進み、すぐ道路の反対側に③日本国新聞発祥の地碑がある。そこから地久門の方向に進み、長安道を左に少し進むと荒木工業の前に④近代下水道が展示されている。

次にそれを背に左に進み、レイトンハウスを越えた角を左に進むと朱雀門（南門）がある。そこを右に曲がり、前田橋交差点を左に曲がって進むと谷戸橋交差点がある。そこを右折して谷戸橋を渡り、左折して進むと元町入口の交差点がある。その向こう側に港の見える丘公園がある。入口に入って上に登ると⑤旧フランス領事官邸遺構がある。そこから元町入口の交差点まで戻り、左に進むとすぐに、みなとみらい線・元町・中華街駅5番口がある。また、そのまま左にまっすぐ900mほど進むとJR・石川町駅南口に到着する。

▲元町入口付近から石川町駅まで 900 m

各史蹟解説

1 横浜中華街

1859年に横浜港が開港した際、アメリカやイギリス、フランスなどから多くの商人が横浜へ訪れ、外国人居住地に商館を開いた。彼らは横浜進出のために、日本人との交渉の仲介役として中国人も一緒に連れて来ていた。その後、居住した中国人によって次第に飲食店街としての中華街を形成していった。

1
▲居住した中国人によって次第に飲食店街としての中華街を形成

2 横浜《よこはま》関《かん》帝《てい》廟《びょう》

関帝（関羽・関聖帝君・関帝聖君）を祀る廟。横浜の港が開かれて3年後の1862年のこと、一人の中国人が關羽の木像を安置して、現在の地に小さな祠を開いたといわれる。これが横浜の關帝廟の始まりである。その後、関東大震災、第二次世界大戦における横浜大空襲、火災と3度の焼失を経て、現在は4代目となる。

2
▲ 1862 年に一人の中国人が現在の地に小さな祠を開いたことが関帝廟の始まり

3 日本国新聞発祥の地碑

ここは新聞の父・ジョセフ彦（米国籍の日本人）が、元治元（1864）年6月28日、日本最初の新聞「海外新聞」を発刊した居館の跡である。開国したばかりの創世記の日本国のため、「童子にも読める」新聞精神を提唱し、読みやすく、判りやすい新聞の発刊に努めた。平成6（1994）年6月28日、氏の功績を称え、発刊した場所となる当地に碑が建てられた。

3
▲日本最初の新聞「海外新聞」を発刊した居館の跡
（サイト：「タイムスリップよこはま」より）

コースと所要時間

スタート ▼JR根岸線 石川町駅（北口）
→ 0.3 km 4 分 →
1 横浜中華街入口 ●延平門（西門）
→ 0.45 km 5 分 →
2 横浜関帝廟
→ 0.06 km 1 分 →
3 日本国新聞発祥の地碑
→ 0.08 km 1 分 →
4 近代下水道
→ 1.3 km 17 分 →
5 旧フランス領事官邸遺構 ●港の見える丘公園内
→ 0.4 km 5 分 →
ゴール ▼みなとみらい線 元町・中華街駅（5番口）

4 近代下水道

開港により次第に増えていった居留地の外国人たちが衛生面で切望したのが、居留地の下水道整備であった。この下水道整備は明治4（1871）年に完成したが、激増する居留民に対応できず、さらにその後にコレラが全国的に大流行したこともあり、下水道改修工事が不可欠となった。そこで神奈川県の依頼により三田善太郎によって設計・施工（明治20［1887］年完成）されたのが、日本初の近代下水道となった「煉瓦造り卵形管」であった。

▲神奈川県の依頼により三田善太郎によって設計・施工された

5 旧フランス領事官邸遺構（港の見える丘公園内）

この地には幕末から明治時代までフランス軍が駐屯していた。当地は当時フランス山と呼ばれていた。旧フランス領事官邸遺構は明治29（1896）年に完成した。だが、大正12（1923）年の関東大震災で倒壊してしまった。その後同地に新たに昭和5（1930）年に建てられたが、昭和22（1947）年の不審火により全面焼失してしまった。現在遺構として残されているのはその際に焼け残った1階部分。

▲遺構は焼け残った１階部分

全国に波及した横浜発祥の生活・文化

文明開化とは、明治期の日本に西洋文化・文明が入り、それまでの制度や生活習慣に変化をもたらした現象をいう。

開港された横浜には、日本の玄関口として多くの欧米人が降り立つ場所であった。横浜・山の手地区の外国人居留地もあり、欧米人向けに西洋の文化、サービスを提供するため、全国に先駆けて西洋化が進められたことから、文明開化の発祥の地となった。

本文で紹介した発祥地の他にも横浜の街には幾多の西洋文化の発祥の地の記念碑を見ることができる。以下、その主な発祥地を紹介する。

発祥名	解説	現在の場所
電話発祥の地	1890年12月16日、東京滝ノ口と横浜居留地に電話局を設置、日本で初めての電話交換が始まった。	記念碑は横浜開港資料館（中区日本大通3）の近く
ホテルやバー発祥の地	日本初のホテルとされているのは、1860年2月に開業した「横浜ホテル」である。ホテルにはバーもあった。	中山区山下町70番地
ビール発祥の地	1869年8月、ローゼンフェルトがドイツ人技師・ヴィーガントと共に、「ジャパン・ヨコハマ・ブルワリー」を設立し、居留地の外国人向けにビールの醸造を開始した。	記念碑は中区千代崎町1丁目25-21 キリン公園内
救急車発祥の地	初の救急車は、1933年、神奈川県警察部が横浜市の横浜消防署に、キャデラックの改造救急車を配置したのに始まる。	中区山吹町2-2（現在の横浜市消防局中消防署）
石鹸工場の発祥地	堤磯右衛門（つつみいそえもん）が、フランス人技師ボエルから石鹸の製法を伝授され1874年に堤石鹸製造所を開設した。	南区万世町
テニス発祥の地	1876年、横浜にイギリスからテニスが上陸した。最初にテニスが日本でプレーされたのは山手公園だとされている。	中区山手町230 山手公園
洋式公園発祥の地	1870年、居留外国人によって日本初の洋式公園（山手公園）がつくられた。	中区山手町230 山手公園
西洋理髪発祥の地	1869年、小倉虎吉が横浜居留地に「西洋理髪店」を開業した。	記念碑は中区山下町にある山下公園内
日刊新聞発祥の地	1871年1月28日（現12月8日）、日本で最初の日本語の日刊紙「横浜毎日新聞」が活版印刷されて創刊した。	記念碑は中区本町6丁目・横浜アイランドタワーの西側広場
鉄道発祥の地	1870年に鉄道資材を英国から購入して建設がはじまり、1872年に日本で初めて横浜～品川間に鉄道が開通した。	記念碑はJR・桜木町駅前
吹奏楽発祥の地	1869年、薩摩の軍学生30名が、イギリス公使館付軍楽長・フェントンから軍楽の指導を妙香寺で受けた。	記念碑は妙香寺境内
近代水道発祥の地	イギリス人技師パーマーによって、日本初の近代的水道である横浜水道が1887年に完成。給水を開始した。	水道創設記念噴水塔の壁面パネルはJR・桜木町駅前

第2章 歴史的な人物ゆかりの地をめぐる

11 源頼朝を支えた鎌倉武将・畠山重忠合戦の地をめぐる

アクセス
【行き】相模鉄道・鶴ヶ峰駅（北口）
【帰り】相模鉄道・鶴ヶ峰駅（北口）

総距離▼約4・8km　**徒歩による所要時間**▼約1時間10分

鶴ヶ峰駅の改札口を出て、旭区役所に向かってまっすぐに道なりに進んでいくと、水道道《すいどうみち》と合流し、そのまま道なりに進んでいくと鶴ヶ峰駅入口交差点がある。そこの一角の小さな広さの囲われた土地の中に❶**畠山重忠公碑**がある。

▲畠山重忠首塚

そしてさらにまっすぐに進んでいくと、左手に❷**矢畑・越し巻**と書かれた1本の碑（木柱）が立っている。そしてそこから水道道に戻り、さらにまっすぐ道なりに進んでいくと左手に清来寺橋が見えて来る。

そこを渡るとすぐに❸**清来寺《せいらいじ》**にたどり着く。清来寺からは水道道に戻り、そのまま逆方向に進み、2つ目の信号を左に曲がる。そして一つ目の信号（鶴ヶ峰本町／八王子街道［国道16号線］）を右折する。少し歩くと「薬王寺入口」のバス停の見える二股道にぶつかる。そこを左の坂道を上がって行き、少し進むと左手に「史蹟六ツ塚・重忠公霊堂」の標識が掲げられており、そこを右に曲がるとすぐに❹**薬王寺**に到着する。その入口の斜め向かいには❹**六ツ塚**と呼ばれる一角がある。

そこから元来た細い道にまで戻って左に曲がって直進する。少し進むと左手に「史跡　駕籠塚」の道案内があり、それに従って進む。❺**駕籠塚**まで行ったら、そこから逆方向に進んで最初に交差する道をまっすぐ進む。そして次の角で右折し、次の角で左折して進むと鶴ヶ峰交差点に突き当たる。そこを直進すると鶴ヶ峰駅入口交差点に出る。

そこを左に曲がってすぐの右にある小道に入る。そうして少し歩くと左手に❻**畠山重忠首塚**が見える。そしてさらに進むと、右手に❼**鎧の渡し／首洗い井戸**と書かれた2本の碑（木柱）が立っている。そこからは近辺に駅に向かう「鎧《よろい》の渡《わた》し緑道」があるので、そこから道なりに進んで水道道に出たら右方向に進むと鶴ヶ峰駅北口に到着する。

各史蹟解説

1 畠山重忠公碑

▲北条時政により謀反の嫌疑をかけられた重忠の終焉の地碑

二俣川合戦場跡で、畠山重忠終焉の地碑が立っている。北条時政により謀反の嫌疑をかけられた重忠は、その時134騎の軍。対峙する北条義時率いる軍は3万騎であった。重忠を絶命たらしめたのは、弓の名手である愛《あい》甲季隆《こうすえたか》が放った一本の矢だった。

2 矢畑《やばたけ》・越し巻き（腰巻）

北条軍が射た無数の矢が大地に突き刺さり、それが畑に植えたようにあたり一面を覆ったため「矢畑」という名前がついた。また、「越し巻き（腰巻）」の名称には、このあたりで重忠が取り囲まれたということから名づけられたという説と、矢が腰巻のようにぐるりと取り巻いたことから名づけられたという説がある。

▲無数の矢が大地に突き刺さり、それが畑に植えたようにあたり一面を覆った

3 清来寺《せいらいじ》／「夏野の露」絵巻

鶴遊山《かくゆうさん》清来寺。同寺には江戸時代末期に、鶴ヶ峰ゆかりの坂東武士・畠山重忠公の武勇をたたえるために編集された「夏野の露」という絵巻物が所蔵されている。また、境内には鎌倉時代に伝令として使われていた鐘があったという「鐘楼塚《しょうろうづか》」がある。この塚には、重忠が所持していた観音像が埋められているといわれる。

▲清来寺には「夏野の露」絵巻物が所蔵されている

4 薬王寺（畠山重忠の霊堂）／六ツ塚

薬王寺には、元久2（1205）年6月22日、北条時政の謀略によって武蔵国二俣川で討死した畠山重忠の霊堂がある。また、重忠の最期に従った一族郎党134騎を埋葬したと伝える六つの塚（六ツ塚）がある。毎年命日の6月22日には盛大な慰霊祭が催される。

▲畠山重忠の霊堂や六ツ塚がある薬王寺

コースとおおよその所要時間

地点	次までの距離・時間
スタート ▼相模鉄道 鶴ヶ峰駅（北口）	0.45km 6分
1 畠山重忠公碑	0.45km 6分
2 矢畑・越し巻き（腰巻）	1km 13分
3 清来寺／「夏野の露」絵巻	1.3km 17分
4 薬王寺（畠山重忠の霊堂）／六ツ塚	0.5km 7分
5 駕籠塚	0.6km 8分
6 畠山重忠首塚	0.04km 1分
7 鎧の渡し・首洗い井戸の跡	0.5km 7分
ゴール ▼相模鉄道 鶴ヶ峰駅（北口）	

5 駕籠塚

畠山重忠の内室（身分が高い人の妻のこと）「菊の前」は、合戦の連絡を受け、急ぎ駆けつけたが、この地で夫の戦死を聞いて悲しみ自害した。その自害した場所に籠のまま埋葬されたため「駕籠塚」と呼ばれている。

▲自害した場所に籠のまま埋葬されたため「駕籠塚」と呼ばれている

6 畠山重忠首塚

重忠の首が祭られた場所、あるいは、兜を埋めた場所といわれる。別名「兜塚」ともいわれている。小さな地蔵堂とその隣に2ｍほどの石造七重塔が立っている。

▲小さな地蔵堂とその隣に 2m ほどの石造七重塔が立つ

7 鎧の渡し・首洗い井戸の跡

鎌倉街道が帷子《かたびら》川を渡る場所で、川幅が広く浅瀬のため、武士が渡ろうとする際は、鎧を頭にのせて渡ったと伝えられる。ここには、水の湧き出す1ｍほどの穴があり、その井戸で重忠の首を洗い清めたとされる。

▲重忠の首を洗い清めたとされる首洗い井戸の跡

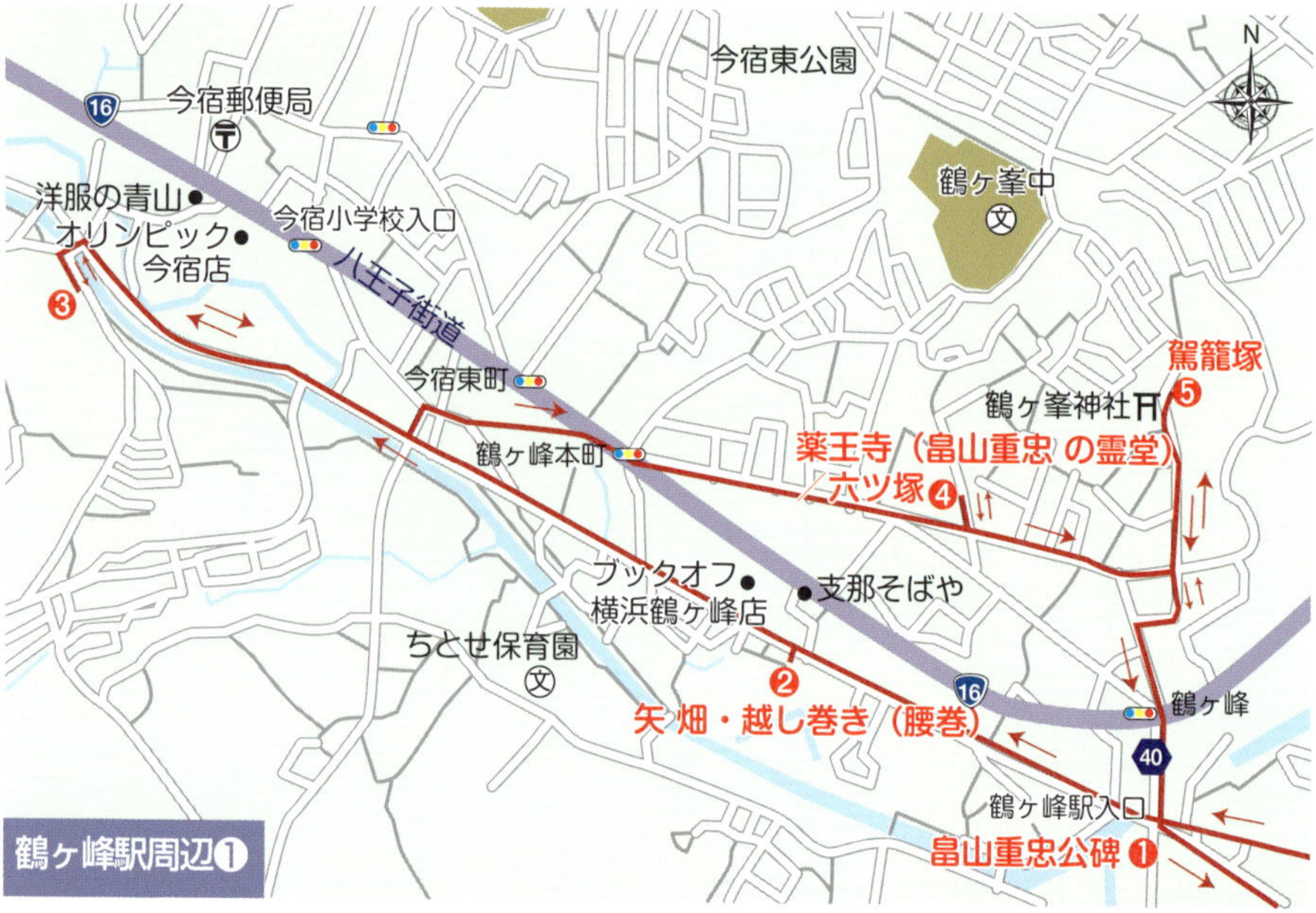

畠山重忠の生涯［1164—1205］◎関連の出来事・略年表

畠山重忠 プロフィール：鎌倉幕府の有力な御家人

西暦	関連する主な事件・出来事	本書掲載関連史蹟
1164年	畠山重能《しげよし》の子として重忠、武蔵国大里郡大字畠山（現・埼玉県川本町）に生まれる。（家系は桓武《かんむ》平氏の流れ）	
1180年	石橋山の戦いに参戦する。（初め源頼朝に敵対する側）	
1180年～1185年	長井の渡しで頼朝に帰服し、その後、木曽義仲《きそよしなか》の追討（1184年）や壇ノ浦の戦い（1185年）などで戦功をたてる。	
1187年	重忠が地頭を任されていた伊勢国沼田御厨《ぬまたみくりや》（三重県松阪市）にて代官が不正を働き、重忠は罪に問われ、所領を没収される。後に許される。	
1189年	奥州藤原氏征伐で戦功をたてる。	
1190年、1195年	頼朝の上洛時に先陣を勤める。	
1205年	子の重保が北条時政に殺される。	
同年	重忠、北条軍と武蔵二俣川《むさしふたまたがわ》（現・横浜市保土ケ《ほどが》谷《や》区）で戦い、討ち死にする（6月22日）。	①②③④⑥⑦⑧
同年	内室（妻）の菊の前が、夫・重忠の一大事を知って駆け付けるも、その死を知り、その場で自害する。	⑤

12 日蓮上人ゆかりの地をめぐる

▲龍口寺境内にある日蓮大聖人像

アクセス
【行き】ＪＲ横須賀線／総武線・鎌倉駅（東口）
【帰り】江ノ電・江の島駅

総距離▶約5.3km

徒歩による所要時間▶約1時間20分

鎌倉駅東口から右に沿って歩き東急ストア前をそのまま沿って歩いていくと左に進む道があるのでそのまま向かう。すぐ前に県道と信号があるのでガードを潜らずに反対側へ渡る。そのまま線路方向に沿って歩いていくと311号線に突き当たる。しばらく行くと大町四ツ角信号があり、そのまま左へ曲がってまっすぐ進む。また線路沿いに進むと細い道になり、名越踏切を渡って長勝寺入口から2つ目の「鎌倉材木座霊園入口」の看板があるところを上った途中にある。❶**長勝寺／松葉ヶ谷の草庵跡**がある。ここから線路沿いに先へ進み311号線にぶつかったら左へ向かう。2本目の道をまっすぐ右に向かうと右手に額田記念病院を挟んで奥に❷**妙法寺**、戻ってきて額田記念病院手前が❸**安国論寺**だ。額田記念病院の手前の道を進んで行くと三枚橋を通り抜けて311号線につながる道に出るのでまっすぐ進み、先ほどの大町四ツ角信号が見えたらその手前を右に曲がって進んで行くと赤い板に緑の文字で「ぼたもち寺」と書かれた❹**常栄寺**がある。ここからまた大町四ツ角信号に出てまっすぐ来た道を駅に向かって戻る。鎌倉駅東口に戻り横のガードを潜ると鎌倉駅西口に出る。ここから江ノ電に乗車する。

極楽寺駅に着いたら、改札を抜けて赤い橋を右に渡り、左の坂を歩いて行くと❺**極楽寺坂切通し**（入口）がある。そのまま歩いて行くと道左に❻**極楽寺坂切通しの碑**が立っている。ここから赤い橋まで戻り右手に渡り線路沿いに歩けば右手に❼**極楽寺**がある。また駅まで戻り通過してまっすぐ江ノ電・稲村ヶ崎駅へ向かって歩く。ずっと進んで行くと右手に❽**日蓮袈裟掛松の碑**がある。

そのまま歩いて行くと左手に江ノ電・稲村ヶ崎駅がある。江ノ電・江ノ島駅に着いたら改札を出て江ノ電の踏切を渡り、右に向かって進むと467号線に突き当たる。ここを反対側に渡り右に進むと龍口明神社があり、その隣に❾**龍口寺**がある。

各史蹟解説

1 長勝寺／松葉ヶ谷の草庵跡

長勝寺は伊豆に流された日蓮が鎌倉に戻り、この土地の石井長勝邸に庵を結んだことが発祥とされている。京都・本圀寺の前身といわれ、貞和元（1345）年に寺号が京都に移ったあと、石井山長勝寺となった。境内の祖師堂は室町時代末期造営と推定され、県重要文化財指定である。

▲石井長勝邸に庵を結んだことが発祥

2 妙法寺

①長勝寺と同じく日蓮が開山している。寺地は日蓮の松葉ヶ谷御小庵の跡という。本圀寺が室町時代に京都へ移されたあと、延文2（1357）年、護良親王の遺子・日叡が父の霊を弔うため、寺を再興したのが妙法寺といわれる。拝観料300円。

▲日蓮が開山した妙法寺

3 安国論寺

日蓮が開山。妙法寺と同じく松葉ヶ谷法難の跡といわれている。鎌倉に来た日蓮がはじめて道場とした岩窟がこの地で、日蓮の弟子日朗が岩窟のそばに建てた「安国論窟寺」が、のちに安国論寺と呼ばれるようになったとされる。日蓮は岩窟で『立正安国論』を書いたと言われ、現在もこの岩窟を見ることができる。拝観料100円。

▲鎌倉に来た日蓮がはじめて道場とした岩窟

4 常栄寺

山門に赤い板に緑の文字で「ぼたもち寺」と掲げられている。日蓮宗の僧・日詔が開山し、1606（慶長11）年に創建され

コースとおおよその所要時間

地点	次の地点まで
スタート ▼JR横須賀線／総武線 鎌倉駅（東口）	1.1km 18分
1 長勝寺／松葉ヶ谷の草庵跡	0.4km 5分
2 妙法寺	0.18km 3分
3 安国論寺	0.7km 9分
4 常栄寺	1.0km 13分
乗車 ▼JR 鎌倉駅（東口）	2.4km 7分
下車 ▼江ノ電 極楽寺駅	0.02km 0分
5 極楽寺切通し（入口）	0.08km 1分
6 楽寺切通しの碑	0.37km 8分
7 極楽寺	0.82km 11分
8 日蓮袈裟掛松の碑	0.27km 4分
乗車 ▼江ノ電 稲村ケ崎駅	3.5km 13分
下車 ▼江ノ電 江の島駅	0.18km 3分
8 龍口寺	0.18km 3分
ゴール ▼江ノ電 江の島駅	

た。藤沢市片瀬の龍ノ口刑場に引かれていく日蓮を見た、この地に住む左衛門尉祐信の妻・桟敷尼が日蓮に胡麻入りのぼたもちを献上したところ、日蓮を助ける奇跡が起きたという故事がある。このことから「ぼたもち寺」と呼ばれるようになった。

▲1606（慶長11）年に創建された常栄寺

5 極楽寺切通し

鎌倉七切通しの一つで、極楽寺開山の忍性が切り開いたといわれている。切通しを閉ざし、数万の兵力によってここからの侵入を防いだ合戦場でもある。当時の切通しは、成就院の門前を通る、傾斜が急な細い崖道だったともいわれる。

▲極楽寺開山の忍性が切り開いたといわれる極楽寺切通し

6 極楽寺切通しの碑

極楽寺坂切通しの出口付近にある。

▲極楽寺坂切通しの出口付近にある碑

7 極楽寺

鎌倉時代の律宗（真言律宗）僧・忍性により開山。二代執権北条義時の三男重時が開基し、正元1（1259）年に建立された。全盛期には、金堂、講堂、十三重塔などの伽藍のほかに49の塔頭を備えた大寺院であった。その後の合戦や火災、地震等があり、ただ一つ残された吉祥院が本堂となっている。

▲正元1（1259）年に建立された極楽寺

8 日蓮袈裟掛松の碑

この地は、文永8（1271）年9月12日に幕府に捕らえられた日蓮が、処刑のために裸馬に乗せられ藤沢市片瀬の龍ノ口刑場へ連れて行かれる（龍ノ口法難）道中、袈裟を血で汚すのはおそれ多いと松の枝に袈裟を掛けたといわれている。現在、この場所に松はなく、碑が建てられている。

▲処刑のために連れて行かれる道中に松の枝に袈裟を掛けた

9 龍《りゅう》口《こう》寺《じ》

日蓮が処刑されようとした龍ノ口の刑場跡で、日蓮没後、日蓮の弟子・日法が日蓮宗にとって記念すべきこの地に日蓮の像を刻み、延元2（1337）年に小堂を建てて安置したといわれている。その後、慶長6（1601）年に地元信者が土地を寄進し、大本堂が建立された。

龍ノ口の刑場跡に建つ龍口寺▲

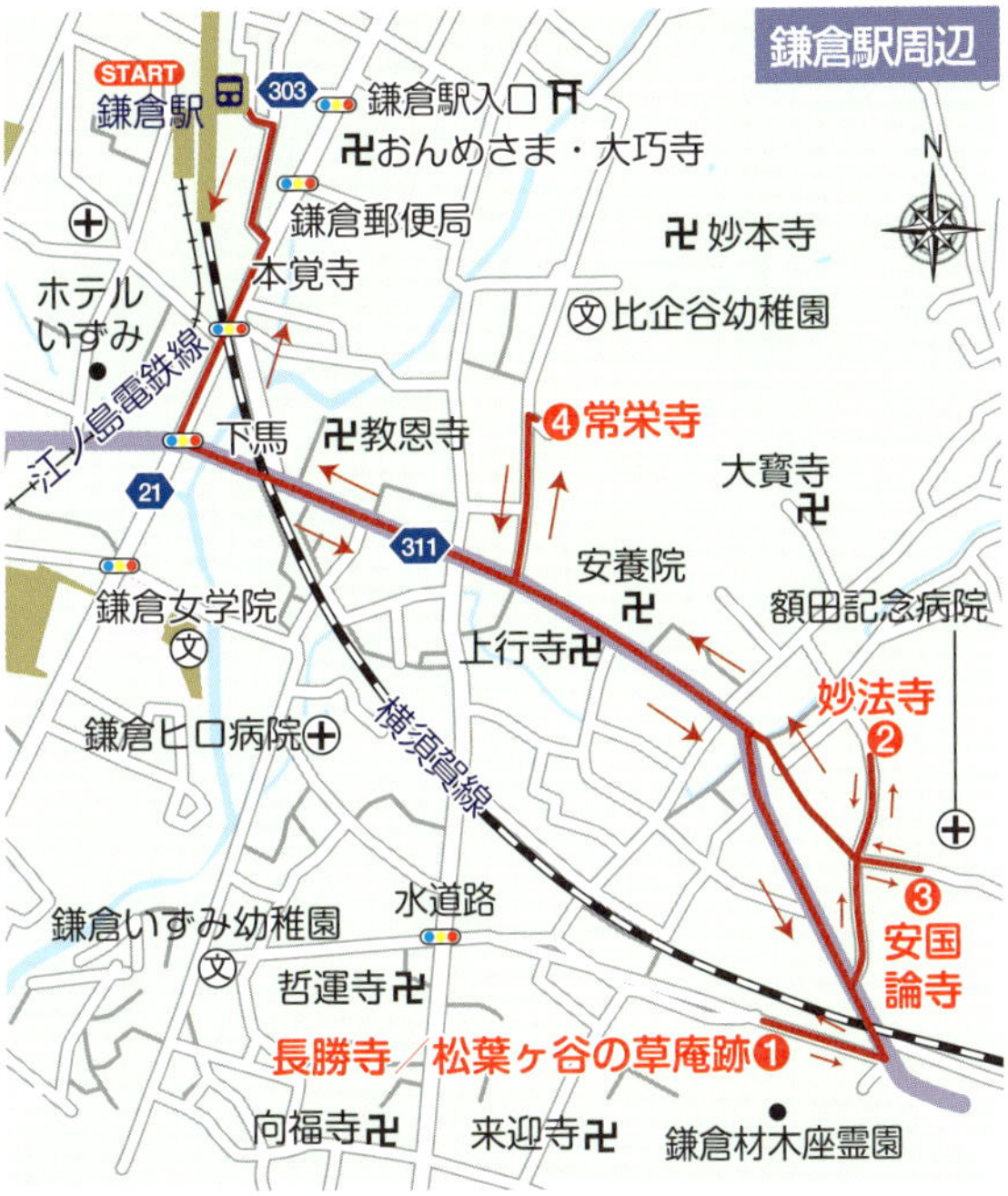

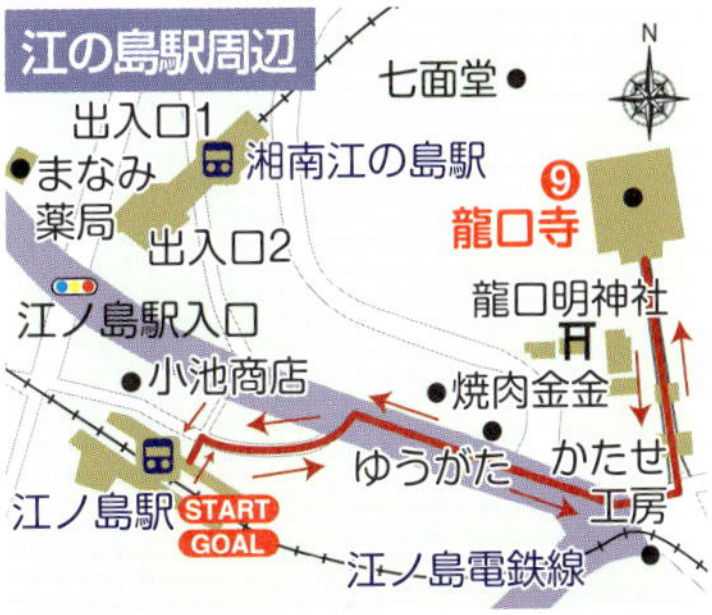

日蓮の生涯［1222―1282］◎関連の出来事・略年表

日蓮（にちれん）：鎌倉時代の僧。日蓮宗の開祖

西暦	関連する主な事件・出来事	関連史蹟
1222年	2月16日、安房《あわ》国長狭《ながさ》郡東条郷片海《かたうみ》（現・千葉県鴨川《かもがわ》市小湊）の地で漁民の子として生まれる。	
1253年	4月28日、清澄寺にて『法華経』の伝道を宣言する。（この日が立教開宗の日となる）この頃、名を蓮長から日蓮と改める。	
1257年	この年の初めころまでに鎌倉・松葉《まつば》ヶ谷《がやつ》に草庵《そうあん》を構えて、伝道活動を展開する。8月、鎌倉付近を震源域とする正嘉地震が発生する。（鎌倉は壊滅状態に陥り、そのうえ洪水や干魃《かんばつ》などの天災が続出し、それが原因となって疫病が流行したり、大規模な飢饉《ききん》が発生したりした）	②
1260年	為政者の宗教責任を問う『立正安国論《りっしょうあんこくろん》』を著す。7月16日、日蓮はその書を、前執権《しっけん》北条時頼《ときより》に呈上し、『法華経』の信仰に基づく善政を施すことによって災難の克服を進言した。8月27日、日蓮の主張に反発した浄土教信者等の念仏者が松葉谷の草庵を焼打ちする（松葉谷法難）。（日蓮は危うく難を逃れる）	③
1261年	5月12日、捕らえられて伊豆国伊東（静岡県伊東市）に流される（伊豆法難）。	
1263年	赦免されて鎌倉にて伝道活動を再開する。	①
1264年	浄土教の法敵だとして東条景信《とうじょうかげのぶ》の襲撃に遭う（小松原法難）。	
1268年	閏《うるう》正月、蒙古《もうこ》の牒状《ちょうじょう》（臣従しなければ武力進攻する）が幕府に届く。ことを機に日蓮は、『立正安国論』の予言が的中したと主張し、『法華経』の信仰を盛んに唱えた。	
1271年	9月12日、再び幕府に捕らえられ、片瀬の龍《たつ》ノ口《くち》刑場に引かれて斬首《ざんしゅ》されようとした。ところが奇跡が起こって執行されず、結果、佐渡流罪になる（龍ノ口法難）。	⑨⑧④

※以降略

コースガイド

13 北条早雲のゆかりの地・玉縄城址と周辺をめぐる

▲七曲坂

アクセス 【行き】JR大船駅（西口）【帰り】JR大船駅（西口）
総距離 約7km
徒歩による所要時間 約2時間

　JR・大船駅西口改札を出て中通路を進み階段を下ると西口バスロータリー方向へ向かう道がある。線路を横断する橋を渡り、そこから左手に進むと、❶**大船観音寺**がある。ここから左へ進み二股を右に進むと信号があるので向かい側に渡って、県道402号線を左手にさらにまっすぐ進む。バスロータリーを右手に見て進み、駐車場を右に曲がってまっすぐ進んで行くと、右手にお地蔵様が並んだ❷**玉縄首塚**がある。ここからまっすぐ進むと二股に突き当たる。ここを右に進み、曲がらずにまっすぐ進むと県道402号線に突き当たる。ここを右手に進み、右のトンネルを潜り抜ける。ここから少し進むと右手に❸**龍宝寺／玉縄民俗資料館・旧石井家住宅・新井白石碑**がある。

　ここから県道402号線を左手にして右に200mほど進むと諏訪神社前交差点で右手に駐車場が見え、その脇道を進むと渋目の青緑色をした鳥居が見えてくる。これが❹**諏訪神社**で、ここから県道402号線へ戻って諏訪神社前交差点を反対側へ渡り、左の道に入り込み、まっすぐ進むと右手に植木子ども会館と鎌倉みどり保育園で、その間に❺**七曲坂（大手門址など）**がある。この道に沿って階段を上がり切ると住宅街と道があり、そのまま進むと右手に清泉女学院（鎌倉市城廻200）の正門の前に出る（土日や学校行事は不可なため正門のみ。正門に説明あり）。さらにそのまま進むと左手に高めのブロック塀があり、玉縄城跡についての案内板がある。左の小さな階段を上がると❻**玉縄城址の碑**がある。

　ここから下に降りて元の道に戻りそのまま進んで左手の石原工務店作業所のところを左折して進むと、そこから先が❼**ふわん坂**である。そのまま道に沿って右に進む（かなりの傾斜なため、悪天候時には足元に注意が必要）。下り坂で左に曲がって下りると左手に❽**久成寺**がある。さらに坂を下って左に曲がり、県道302号線にたどり着いたら左折して県道302号線沿いに歩き、神奈中バス停・久成寺前を越えたら右に曲がり、次を左へ曲がり、その次を右に曲がって進むと右手に❾**円（圓）光寺**がある。ここから右へ曲がり進むと県道302号線にぶつかる。

　ここから右手にまっすぐ進んで玉縄中学校入口（交差点）を左折し、県道402号線に向かって右へ向かう。そのまま進んで2本目の道を左へ曲がり、そのまま、やまかストアー店の前を通り過ぎて歩道を進んで行くと、元の❷玉縄首塚、❶大船観音寺方面へ出て、JR・大船駅西口へ向かうことができる。

各史蹟解説

1 大船観音寺

川崎市の曹洞宗大本山・総持寺の直末寺で、本尊は聖観世音菩薩。財団法人大船観音協会により昭和35（1960）年4月に完成し、昭和56（1981）年11月に宗教法人大船観音寺と改称した。大船駅から見える巨大な大船観音像は大船のシンボルであり、ライトアップされるなど観光名所となっている。

拝観料は大人300円。

▲大船のシンボル大船観音像

2 玉縄首塚

戦国大名の安房里見氏が大永6（1526）年に鎌倉攻めした際、玉縄城主・北条氏時らは大船の甘糟氏らと共に応戦したが、渡内福原氏はじめ大船甘糟氏一族35名が戦死したため、弔い、供養した塚である。後に六地蔵が祀られ現在に至る。毎年8月中旬に玉縄首塚まつりが行われる。

▲大船甘糟氏一族35名が戦死したため、弔い、供養した塚

3 龍宝寺／玉縄民俗資料館・旧石井家住宅・新井白石碑

開山は泰絮宗栄といわれ、玉縄城2代城主・北条綱成《ほうじょうつなしげ》が建立した瑞光院がはじまりとされている。天正3（1575）年に4代城主・氏勝が3代城主・氏繁を弔うため、この地に移し、氏繁の戒名から寺名を「龍宝寺」と改めて建立した。玉縄北条氏の菩提寺であり、綱成、氏繁、氏勝の位牌が伝えられている。玉縄民俗資料館は入館料200円。

▲4代城主・氏勝が3代城主・氏繁を弔うため建立した

4 諏訪神社

北条早雲が永正9（1512）年に小田原城の支城として玉縄城を築いた際に、城内東北隅（諏訪壇）に鬼門除の鎮護神として信州諏訪神社を城内に勧請したとされる。元和5（1619）年、徳川氏が玉縄城を廃止しようとした時に村人によってこの地に

コースとおおよその所要時間

	地点	次の地点まで
スタート	▼JR横須賀線／総武線 大船駅（西口）	0.45km 6分
1	大船観音寺	0.6km 7分
2	玉縄首塚	1km 14分
3	龍宝寺／玉縄民俗資料館・旧石井家住宅・新井白石碑	0.35km 4分
4	諏訪神社	0.3km 5分
5	七曲坂（大手門址など）	0.37km 6分
6	玉縄城址の碑	0.12km 2分
7	ふわん坂	0.23km 3分
8	久成寺	0.65km 7分
9	円（圓）光寺	2.99km 31分
ゴール	▼JR横須賀線／総武線 大船駅（西口）	

▲鬼門除の鎮護神として信州諏訪神社を城内に勧請した

移された。その後、関谷にあった御霊神社と合祀したため、扁額には「諏訪・御霊両大神」と記された。現在も玉縄城址の諏訪神社があった場所は「諏訪壇」と呼ばれている。

5 七曲坂（大手門址など）

玉縄城入城のための登り口。現在、植木子ども会館の前から当時の面影を偲ぶ散策コースとなっている。

6 玉縄城址の碑

玉縄城は永正10（1513）年、北条早雲（伊勢盛時）により築かれた。水軍などを統括する重要拠点で、鎌倉の防衛でも重要な役割を果たした。天正18（1590年の小田原征伐で徳川家康の攻撃を受け、守将・北条氏勝は降伏・開城。その後の徳川政権下でも玉縄城は重要とされ、家康側近の本多正信が居城。その後大河内松平氏が入るが3代目の正久のとき、上総国大多喜藩に転封となり、玉縄藩は廃された。

▲玉縄城入城のための登り口

▲鎌倉の防衛でも重要な役割を果たした玉縄城

7 ふわん坂

久成寺の東から玉縄城址へと続く、S字に大きく曲がった急斜面を上がる坂のこと。玉縄城の防御施設としての重要な役割を果たした。現在は住宅が立ち並ぶ。

▲玉縄城址へと続く坂

8 久成寺

永正17（1520）年に足利11代将軍・義澄に仕えた梅田尾張守秀長が宅地を寄進し開基。日舜上人が開山。徳川家康が鷹狩りで訪れた際に授けた葵の紋の弁当箱と、小田原攻めの際に立ち寄り、恩賞の寺領三石を寄進し祈祷したことから、後の徳川5代将軍・綱吉が書いた「鎌倉郡玉縄郷ノ内三石のこと」という朱印状が伝わっている。また境内には鎌倉幕府3代将軍・源実朝を暗殺した公暁を討ち取った長尾定景（上杉謙信の祖）一族の墓と碑がある。

▲徳川５代将軍・綱吉が書いた朱印状が伝わっている

9 円（圓）光寺

永禄年間（1558〜1570）に初代玉縄城主・北条氏時が玉縄城守護のために玉縄城内に建立した。玉縄城が廃城後の元和5（1619）年に現在の地へ移設された。60年に一度開帳される薬師如来像や十二神将像が祀られている。

▲玉縄城が廃城後の元和５（1619）年に現在の地へ移設された

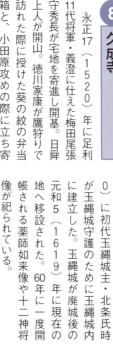

北条早雲の生涯［1432―1519］◎関連の出来事・略年表

北条早雲（ほうじょうそううん）プロフィール：戦国大名、北条氏（後北条氏）初代

西暦	関連する主な事件・出来事	本書掲載関連史蹟
1432年	室町幕府8代将軍の足利義政の申次衆である伊勢盛定の子として、荏原荘（岡山県井原市）に生まれる。通称は伊《い》勢《せ》新《しん》九《く》郎《ろう》長《なが》氏《うじ》。	
1467年	足利義視《あしかがよしみ》に仕えて伊勢下向に従ったが、妹が今川義忠《よしただ》の室となっていた縁を頼って駿河《するが》に下る。	
1476年	義忠戦死後の家督争いを調停して、妹北川殿の生んだ竜王丸（氏親《うじちか》）をたて、その功によって富士下方12郷（静岡県富士市）を与えられる。	
1483年	9代将軍の足利義尚の申次衆になる。	
1487年	再び今川家をめぐる騒動が起こり、駿河国に入り挙兵する。幕府の「龍王丸を元服させ当主に据えるように」という命令に従わない小鹿範満兄弟を討つ。	
1493年	早雲、堀越御所の足利茶々丸を攻めて伊豆を平定、韮山城（静岡県伊豆の国市）に移る。	
1496年	扇谷上杉氏の重臣大森藤頼《ふじより》の小田原城を攻略し、この年以降に大森氏から小田原城を奪う。	
1512年	相模守護家の三浦氏を岡崎城に攻めてこれを追い、鎌倉に入る。	
1513年	鎌倉の北西に玉縄《たまなわ》城を築く。これにより三浦、江戸、さらには関東制圧の拠点とする。	❹ ❺ ❻ ❼
1516年	新井《あらい》城にて三浦氏を滅ぼし、相模一国を従える。	
1519年	韮山城で88歳で没する。	

14

二宮金次郎《にのみやきんじろう》（尊徳《そんとく》）ゆかりの地をめぐる

▲二宮金次郎（尊徳）

アクセス
【行き】ＪＲ東海道本線／小田急線・小田原駅（東口）
【帰り】小田急線・栢山駅（西口）

総距離▼7.6km　**徒歩による所要時間**▼約1時間40分

　ＪＲ東海道本線・小田原駅東口を出て右に進んで、お城通りの信号を通過し、次に旭丘高校前の信号を右に曲がって道なりに進むと、小田原城址公園の入口が見えてくる。そこを入り、そのまま真直ぐに進んで案内版に従って進むとやがて❶**報徳二宮神社**に到着する。そこから足柄街道の方に通じる方向（正門の方向）に向かって進み、街道を右に曲がって進むとすぐに左手に❷**報徳博物館**が見える。次に博物館を出たら、左に進み、小田原城址公園の周りを駅に向かって沿って進む。旭丘高校前の信号が見えたら、そこを左に曲がると小田原駅に到着する。

　栢山駅では東口に出てそこを右方向に進み、最初の交差点で左に進む。最初の信号でまっすぐに進むと栢山神社入口の道に入り、そこを進むと右手に❸**善栄寺**がある。寺を背に右に進んで最初の角を右折すると県道720号線に出る。左に進むと左手に❹**尊徳記念館**がある。そこを背に右に約140mほど進んだ左側に❺**捨苗栽培地跡の標柱**が建っている。そこを左に曲がり、最初に交差する道を左に、そして踏切を渡ったらさらに左の道に進むと川沿いの道に出る。そこを左に進んですぐに右手に❻**油菜栽培地跡の碑**が見える。

　次に最初に来た道を県道720号線まで戻り、左に少し進んで右の道に入る。最初の交差を左、次の交差を右、2つ目の交差を左に道なりに進んで、県道714号線から2つ手前の道を右に曲がって土手に出る。そこが❼**坂口堤**である。そこを左に曲がって少し行くと左手に❼**松苗碑**がある。

　そこから土手沿いに県道714号線を目指して歩き、その道まで出たら、向こう側に渡り、「茶房タンポポ」の横を通って左に曲がる。その後は栢山駅に向かって道なりに進む。駅を通過して橋を渡ると2つに道が分かれます。そこを左にそのまままっすぐに進むと、やがて「西香山入口」の信号が見えて来る。そこを右に曲がって30mほどで❽**報徳掘跡碑**がある。栢山駅には元来た道を戻る。

各史蹟解説

1 報徳二宮神社

二宮尊徳《そんとく》を祀《まつ》る神社。創建の経緯は、1891（明治24）年、尊徳に従四位が贈られた。すると、報徳社員の間で尊徳を祀る神社創建の動きが起き、94年4月に社殿が完成した。

▶二宮尊徳を祀る報徳二宮神社

2 報徳博物館

1983年10月設立。公益財団法人報徳福運社が運営する、「報徳」と呼ばれる人づくり、国づくりの思想とその業績を伝える博物館。

▶1983年10月に設立された

【開館時間】午前9時00分～午後5時00分【入場時間】午前9時00分～午後4時30分【料金】（一般）大人200円、子供100円（団体）30人以上2割引【休館日】毎週水曜日・年末年始、祝祭日の翌日ほか不定期有

3 善栄寺／二宮総本家の墓

1215年、巴御前《ともえごぜん》が木曾義仲と和田義盛一族を弔うために律宗の僧、善法真栄上人を勧請して創建したと伝えられる。尊徳を含む二宮総本家・一族の墓所はここにある。墓地の中で、高い角塔婆が立っている場所に尊徳の墓がある。

▲尊徳を含む二宮総本家・一族の墓がある善栄寺

4 尊徳記念館／二宮尊徳生家

尊徳記念館は、二宮尊徳の生誕地に開設され、尊徳の生涯や業績を紹介する施設である。また、敷地内には生家の復元展示もある。また、会議室や宿泊室を備え、講座、サークル活動等の生涯学習活動の場としても利用できる。

▲尊徳記念館敷地内にある生家

【開館時間】午前9時00分～午後9時30分 ※図書室・展示室は午前9時00分～午後5時00分 ただし最終入館は午後4時30分まで【休館日】年末年始（12／28～1／3）※図書室のみ、毎月第4月曜（ただし祝日にあたるときはその翌日）は休館【観覧料】（展示室）大人200円

コースとおおよその所要時間

- スタート ▼JR東海道本線／小田急線 小田原駅（東口）
- 0.9km 11分
- 1 報徳二宮神社
- 0.2km 4分
- 2 報徳博物館
- 1.1km 14分
- 乗車 ▼JR東海道本線・小田急線 小田原駅
- 6.3km 8分
- 下車 ▼小田急線 栢山《かやま》駅（東口）
- 0.65km 8分
- 3 善栄寺／二宮総本家墓
- 0.4km 5分
- 4 尊徳記念館／二宮尊徳生家
- 0.14km 2分
- 5 捨苗栽培地跡の標柱
- 0.41km 5分
- 6 油菜栽培地跡の碑
- 1.7km 20分
- 7 坂口堤／松苗碑
- 0.75km 10分
- 通過 ▼小田急線 栢山駅前
- 0.7km 9分
- 8 報徳掘跡碑
- 0.7km 9分
- ゴール ▼小田急線 栢山駅（西口）

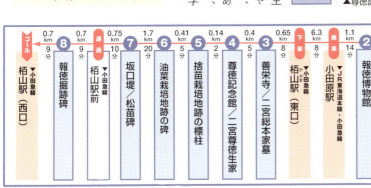

5 捨苗栽培地跡の標柱

1803年、捨てられていた稲の苗を尊徳が荒れ地を耕して、広さ約350平方メートルほどの水田にして植えた。すると、稲はよく育ち、結果的に籾1俵分もの米を収穫することができた。さらに翌年はその米をもとに5俵もの米を収穫することができた。

▲捨てられていた稲の苗を植えた場所

6 油菜栽培地跡の碑

伯父の万兵衛に迷惑をかけまいと、夜間の勉学に必要な灯油のことを心配した尊徳が、わけてもらったわずかな油菜の種を撒いた地である。翌春、7升（12・6ℓ）ほど収穫できた菜種を油屋に持って行って灯油に換えて使った。

▲わけてもらったわずかな油菜の種を撒いた場所

7 坂口堤／松苗碑

酒匂川《さかわがわ》はたびたび氾濫した。その際の洪水を防ぐために坂口堤が築かれた。

▲少年・金次郎も松植えを手伝った

それでも氾濫によって周辺の住民に大きな被害をもたらした。そこで、住民が小田原藩に願い出て8,000本の松の苗を植えて堤防を造ったのである。この時、少年の金次郎も、病気の父にかわって堤防の補強のために200本の松を植えたという。

8 報徳掘跡碑

天保11（1840）年、農民が永年悩まされていた、湿田の地下を流れる冷水を取り除くために排水溝を掘る。これにより冷害が解決し、以来「報徳堀」と呼ばれる。

▲冷水を取り除くために掘られた排水溝

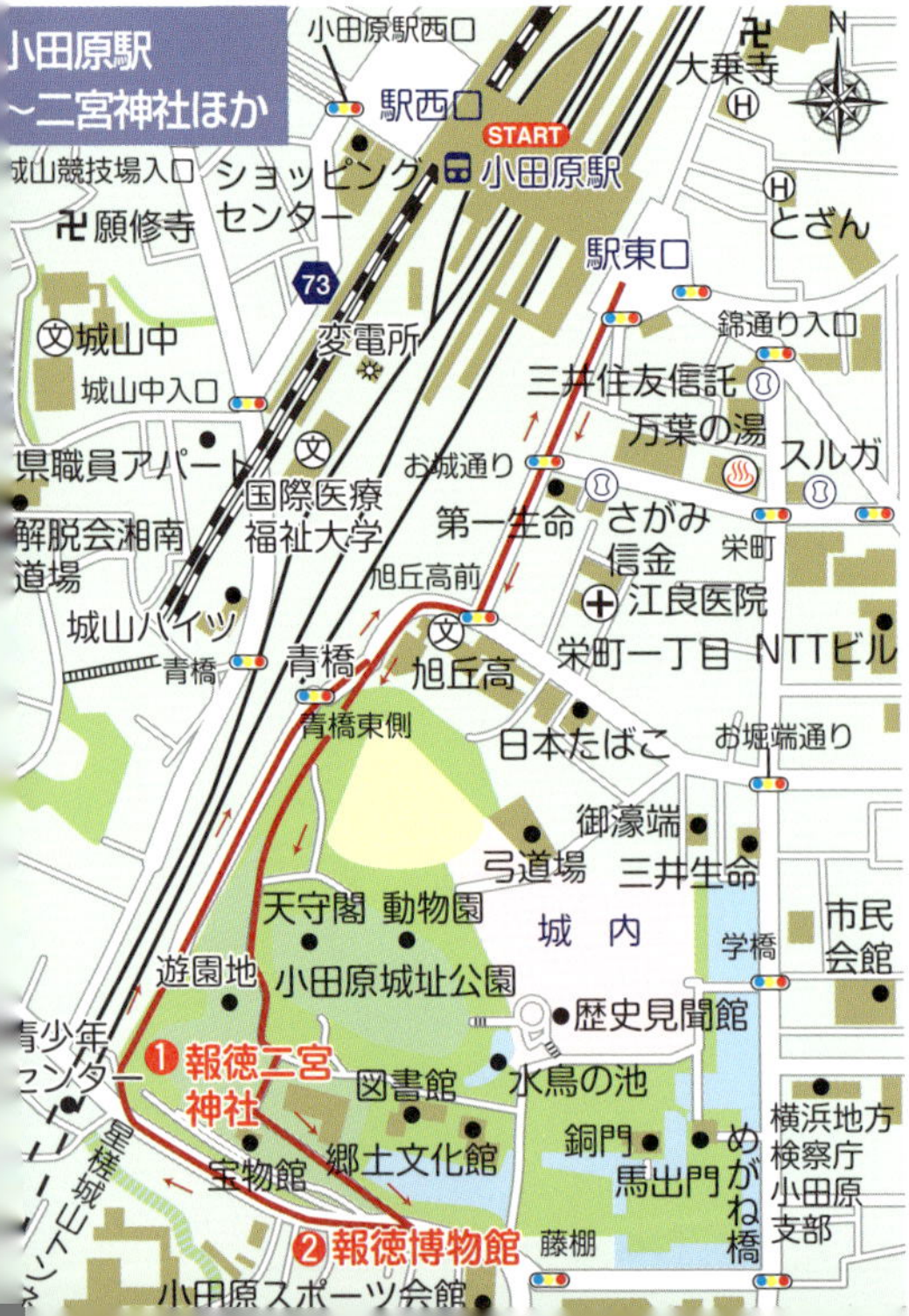

二宮金次郎（尊徳）の生涯［1787—1856］◎関連の出来事・略年表

二宮金次郎（尊徳）プロフィール：江戸末期の農政家

西暦	関連する主な事件・出来事	本書掲載関連史蹟
1787年〜	相模国《さがみのくに》足柄上《あしがらかみ》郡栢山《かやま》村（現神奈川県小田原市）百姓の利右《りえ》衛門《もん》の長子に生まれる。貧しい少年時代を過ごす。	7
1800年〜	この間、父利右衛門、母よしが次々と病没し、一家が離散する。金次郎は伯父宅に寄食する。	
1802年		
1803年	夜学の灯とするため菜種を栽培して油に換えた。また、空地に捨苗を植え、籾1俵収穫。これらによって「積小為大」の理を体得する。	5 6
1806年	伯父から独立し、田9反余を買い戻し、二宮家再興を果たす。	
1812年	小田原藩家老服部家の若党となり、財政立て直しを成功させる。	
1820年	江戸在勤の小田原藩士たちのために低利の貸付金と五常講《ごじょうこう》を考案して彼らの苦境を救う。	
1822年	小田原藩に登用され、下野国桜町領《しもつけのくにさくらまちりょう》（現栃木県真岡市二宮町《もおかしにのみやまち》）周辺の復興を命ぜられる。	
1833年	天保の大飢饉の際、飢饉を予測して稗《ひえ》を栽培することで人々を救う。	
1837年	小田原藩内の貧民を救済する。	
1840年	農民が永年悩まされていた、湿田の地下を流れる冷水を取り除くために排水溝を掘る。	8
1853年	日光神領《しんりょう》の復興を命ぜられる。	
1856年	御普請役に昇進。10月20日、病状急変し永眠する。	3
1894年	報徳二宮神社が創建される。	1
1983年	報徳博物館が設立される。	2

15 吉田松陰と明治維新前後のゆかりの地をめぐる

アクセス
【行き】京急線・久里浜駅（東口）
【帰り】京急線・浦賀駅
総距離▼約10 km
徒歩による所要時間▼約2時間10分

▲ペリー公園入口

京急線・久里浜駅東口に出るとロータリーがあり、その中央を突き抜けて進むと商店街入り口に入る。そのまま商店街を突き抜けて進むと国道134号線に突き当たる。そのまま1つ目の信号を渡り、さらにまっすぐ進んで4本目の交差点（ヤマダ電機が目印）を右に曲がって進むと❶**ペリー公園**がある。この公園の前に面している国道211号線を左方向に（右手に久里浜海岸）道に沿って歩いて開国橋を渡り、さらに短いトンネルを抜けてから右に向かってまっすぐ歩いて行くと左手に❷**燈明堂跡**がある。

ここから先ほどのトンネル前の道まで戻って右に向かって進み、向かいの道に渡り2本目の道を登って行く。6本目の道でそのまままっすぐ進みすぐの角を左に曲がる。次の2本目の道を左に曲がって2本目の道に出ると企業の社宅に突き当たる。この囲いとなる場所が❸**浦賀奉行所跡**である。

ここから左の斜めの道に入って進むと❹**寿光院**にたどり着く。ここから❸浦賀奉行所跡まで戻りすぐ左へ沿って進んだ2本目の道を右に曲がり、右に4本の道を過ぎたら右に曲がり、まっすぐ進んだところで突き当たった道を左折。右手に5本の道を過ぎたところで左手に「浦賀園」のアーチが見える。ここが❺**愛宕山公園**である。

ここからまっすぐ進み、右に3本の道を過ぎると立派な鳥居のある❻**西叶神社**が見える。ここから左に向かって歩いて行くと国道208号線に突き当たり、そのままさらにまっすぐ進むと右手に❼**浦賀ドック入口**（入場不可）がある。その先の浦賀警察署の隣に❽**大衆帰本塚**がある。

さらにそのまままっすぐ進むと向かい側斜め前の塀越しに❾**屯営跡の碑**がある。そのまま進むと浦賀駅前信号に突き当たるので浦賀ドックに沿って右に曲がる。そのまま進んで行くと二股の道があるので左に曲がり、さらに左に曲がると❿**東林寺**がある。ここから海に向かって進み左に曲がると⓫**東叶神社**がある。

ここから再び❿東林寺へ向かって行くと左手に⓬**渡船場跡（浦賀の渡し）**があり、その先右手に⓭**徳田屋跡**がある。帰りは浦賀駅前信号まで戻っていくと京急線・浦賀駅がある。

各史蹟解説

1 ペリー公園／ペリー上陸記念碑

嘉永5（1852）年11月に東インド艦隊司令長官に就任したマシュー・ペリーがアメリカから鎖国していた日本に対して開国を迫る親書を携え黒船で浦賀に入港するも、幕府の要求でこの久里浜へ上陸となった。これを記念してつくられたペリー公園にはペリー上陸記念碑とペリー記念館がある。

［開館時間］午前9時00分～午後16時30分まで［休館日］月曜日（月曜日が祝日に当たるときは翌日）・年末年始［入館料］無料

▲ペリー公園にはペリー上陸記念碑とペリー記念館がある

2 燈明堂跡

徳川家康の時代から水運が急速に発展し浦賀港が大きく発展した。これに伴い船の航路安全を図るために設けられたのが、和式灯台の燈明堂である。当時は房総半島からも灯りを確認することができたという。

▲船の航路安全を図るために設けられた

3 浦賀奉行所跡

享保5（1720）年に伊豆・下田からこの地に奉行所が移転した後、日本近海に現れる異国船からの防御の役割を果たした。浦賀奉行所は同年から150年の間続き、最終的には与力18騎、同心100人が勤めた。現在は奉行所を取り囲む石垣が残っている。

▲150年の間続いた浦賀奉行所

4 寿光院（咸臨丸でアメリカに渡った与力・浜口英幹の墓所）

入口右手には「三命地蔵」と

コースとおおよその所要時間

番号	地点	次の地点まで
スタート	▼京急線 久里浜駅（東口）	1.4km 18分
1	ペリー公園／ペリー上陸記念碑	2.3km 26分
2	燈明堂跡	0.09km 1分
3	浦賀奉行所跡	1.3km 17分
4	寿光院 ●咸臨丸でアメリカに渡った与力・浜口英幹の墓所	0.75km 10分
5	愛宕山公園 ●浦賀奉行所与力・中島三郎助の招魂碑／咸臨丸の出港記念碑／与謝野鉄幹・晶子夫妻の歌碑	0.18km 3分
6	西叶神社	0.85km 11分
7	浦賀ドック	0.0km 0分
8	大衆帰本塚	0.1km 2分
9	屯営跡の碑	1.6km 20分
10	東林寺 ●浦賀奉行所与力であった中島三郎助親子の墓	0.17km 2分
11	東叶神社／勝海舟断食の碑など	0.17km 2分
12	渡船場跡／浦賀の渡し	0.0km 0分
13	徳田屋跡	1.3km 17分
ゴール	▼京急線 浦賀駅	

▲近代造船史にも残る功績を残した浜口英幹

いう石の地蔵と墓石が祀られている。墓地には浦賀奉行所の与力・浜口英幹の墓がある。万延元（1860）年に艦長の勝海舟らとともに日米修好通商条約の批准書交換のために咸臨丸で渡米した副艦長格が浜口英幹である。明治維新後には横須賀造船所で技術者として働き、近代造船史にも残る功績を残している。

5 愛宕山公園

（浦賀奉行所与力・中島三郎助の招魂碑／咸臨丸の出港記念碑／与謝野鉄幹・晶子夫妻の歌碑）

明治26（1893）年に開設された横須賀市で一番古い公園である。入り口が浦賀園と書かれたアーチをくぐって階段を上がっていくと愛宕山公園にたどり着く。ここには一段目の場所に日米修好通商条約の批准書交換のために出港した咸臨丸の出港記念碑が、二段目の場所に上陸したペリー提督らを直接応接し日本外交史に貴重な役割を果たした浦賀奉行の与力・中島三郎助の招魂碑と与謝野鉄幹・晶子夫妻が浦賀を訪れた時に詠んだ歌碑がある。

▲ペリー提督らを直接応接し日本外交史に貴重な役割を果たした

6 西叶神社

正式名称は叶神社であり、対岸には東叶神社がある。平家物語によれば源頼朝に源氏の挙兵を勧めたと言われる文覚上人が源氏の再興を願って修行し、この願いが叶えられそうになった時に源氏ゆかりの地・房総の対岸であるこの地につくり、壇ノ浦の戦いで源氏が打ち勝つと、願いがかなったとして叶明神の称号が与えられたとある。

▲文覚上人が源氏の再興を願って修行した西叶神社

7 浦賀ドック

幕末になると日本近海に黒船が来訪するようになり、江戸幕府は大船建造解除令を解除して近代的な海軍創設を目指した。明治32（1899）年に建設されたのが煉瓦でつくられたこの浦賀ドックである。煉瓦でつくられた本格的なドックは日本では浦賀にある2基しかなく、浦賀ドックはその1つである。

▲煉瓦でつくられた本格的なドック

8 大衆帰本塚

浦賀奉行与力の中島三郎助の筆致をそのまま篆書体で刻んだ碑で、浦賀警察署隣にある。碑文には「此和多利能むかしのさまをおもう尓」とあり、この地で命を落とした先人の思いを忘れぬようにとの思いを伝えたものである。元治元（1864）年に浦賀奉行所の大工棟梁・川島平吉が発案、奉行の大久保土佐守が賛同、国学者の大畑春国が篆額した。

▲先人の思いを忘れぬようにとの思いを伝えたもの

9 屯営跡の碑（説明板）

明治8（1875）年に水兵の教育機関として「浦賀水兵屯集所」が設置され、その後「東海水兵分営」から「水兵練習所」さらに「浦賀屯営」と改称し、多くの水兵を送り出した場所である。

▲多くの水兵を送り出した

10 東林寺（浦賀奉行所与力であった中島三郎助親子の墓所）

大永3（1523）年に建立された寺院。中島家の菩提寺であるため、ペリー来航の際に米国使者の応対を勤めた浦賀奉行所与力・中島三郎助親子はここに眠っている。参拝者以外の入山はできない。

11 東叶神社／勝海舟断食の碑など

対岸には西叶神社がある。裏山を明神山といい叶明神が祀られている。明治前までは古義真言宗醍醐寺派三宝院に属し、三浦半島全域における本山格の寺格を持った修験道の寺であった。神社内には幕末に遣米使節を載せたポーハタン号の護衛の名目で随伴船として太平洋横断を横断した威臨丸の艦長・勝海舟が、航海前に水ごりをした井戸や、断食をしたと言われる山頂には勝海舟断食の碑などがある。

▲神社内には勝海舟にまつわる史跡が残されている

12 渡船場跡／浦賀の渡し

▲「浦賀航路」は現在も就航している

渡船の歴史は享保17（1733）年の東浦賀明細帳でも操業が確認されている。浦賀港の東西を結ぶ航路は「浦賀航路」と名付けられ、現在も就航している。

13 徳田屋跡

江戸時代後期から明治時代にかけての浦賀の旅籠屋の草分け的存在が、この徳田屋であった。吉田松陰が、ペリー来航時の対応策について師の佐久間象山らと協議した場所。大正12（1923）年の関東大震災まで存続していた。現在は跡地の碑が建てられている。

▲吉田松陰が佐久間象山らと協議した場所

馬堀自然教育園
防衛大学校
横浜横須賀道路
京急本線
浦賀IC
浦賀2丁目
望洋小
208
GOAL
浦賀駅
小原台小
浦賀小
浦賀駅前
浦賀中
9 屯営跡の碑
208
大衆帰本塚 8
浦賀署
東林寺／
浦賀奉行所与力であった
中島三郎助親子の墓所
浦賀丘入口
浦賀ドック入口 7
209
13 徳田屋跡
10
渡船場跡
（浦賀の渡し）
6 西叶神社
12
11
愛宕山公園入口
（浦賀奉行所与力・中島三郎助の招魂碑／
咸臨丸の出港記念碑／
与謝野鉄幹・晶子夫妻の歌碑）
浦賀港
交番前
東叶神社／
勝海舟断食の碑など
高坂小
5
浦賀病院
京急久里浜線
JR横須賀線
210
浦賀奉行所跡 3
4
浦賀港
久比里坂上
寿光院
（咸臨丸でアメリカに渡った与力・
浜口英幹の墓所）
134
燈明堂
2
久里浜駅
START
京急
久里浜駅
東口
夫婦橋
陸上自衛隊
久里浜駐屯地
久里浜局
211
横須賀総合高
久里浜小
千代ケ崎
久里浜中
134
明浜小
国土技術政策
総合研究所
ヤマダ電機
開国橋
横須賀刑務所
神明小
神明中
久里浜港
久里浜少年院
ペリー公園／ペリー上陸記念碑 1
大浜
くりはま花の国
東京湾フェリーターミナル
212
N
久里浜～浦賀

人物略年表（主な関係人物）

人物名	略歴	関連史蹟
マシュー・ペリー（1794―1858）	アメリカ海軍軍人。現在のアメリカ・ロード・アイランド州ニューポートに生まれる。1846~1847年のアメリカ・メキシコ戦争に参加。その後の1852年3月、東インド艦隊司令長官となり、日本開国の使命を与えられた。1853年、軍艦4隻を率いて浦賀に来航。日本に開国をせまり、翌年再び来航、日米和親条約を締結した。	①
浜口英幹《はまぐちひでもと》（1829―1894）	浦賀奉行所与力として勤務する中、ペリー来航後の安政2（1855）年、長崎海軍伝習所に入所し、伝習生として修業を積む。その後、新設された江戸築地の軍艦教授所教授方出役として航海技術を教える。1860年、咸臨丸のアメリカへの航海で運用方士官として無事その任務を果たす。明治期になり、横須賀製鉄所（のちに横須賀造船所に改称）に招かれ、造船技術者として、その後は造船科主幹となって、数多くの軍艦建造に活躍する。	③④⑦
中島三郎助《なかじまさぶろうすけ》（1821―1869）	江戸時代末期（幕末）の幕臣。浦賀奉行所与力。1852年11月に東インド艦隊司令長官に就任したマシュー・ペリーがアメリカから鎖国していた日本に対して開国を迫る親書を携え黒船で浦賀に入港した際に、アメリカ側使者の応対を務めた。その後、江戸幕府が安政2（1855）年に新設した長崎海軍伝習所に第一期生として入所し、造船学・機関学・航海術を修め、浦賀の長川を塞き止めての日本初の乾ドック建設や遣米使節に随行する「咸臨丸」の修理を行うなど活躍を果たした。慶応4（1868）年1月に戊辰戦争が勃発すると蝦夷地へ渡海し新政府軍と旧幕府軍との最後の戦闘である箱館戦争（五稜郭の戦い）に至るが、五稜郭への撤退勧告も、新政府軍からの降伏勧告も拒否し、長男の恒太郎・次男の英次郎・腹心の柴田伸助（浦賀組同心）らと戦死した。	③⑤⑦⑧⑩

人物略年表（主な関係人物）

人物名	略歴	関連史蹟
勝海舟（1823―1899）	幕末期の開明的な幕臣。のち、枢密院顧問官、伯爵。安政2（1855）年、海軍伝習生頭役《とうやく》として長崎の海軍伝習所に赴き、オランダ士官より航海術の訓練を受ける。1858年、江戸に戻り軍艦操練所教師方頭取となり、1860年には日米修好通商条約批准使節の正使・新見正興《しんみまさおき》に随従して、随伴船の咸臨丸《かんりんまる》で太平洋を横断。帰国後、幕府の各職を歴任し、1862年に軍艦奉行並《ぶぎょうなみ》として神戸に海軍操練所を設け、幕臣だけでなく、坂本龍馬《りょうま》や龍馬に誘われた志士たちなどを含めて広く人材を集めた。その後、戊辰《ぼしん》戦争で江戸が新政府軍に囲まれた際、新政府側の西郷隆盛と会談して江戸の無血開城を実現させた。その後は、新政府の要請により、兵部大丞《ひょうぶだいじょう》、海軍大輔《たいふ》、参議兼海軍卿《きょう》を歴任し、その後元老院議官、枢密院顧問官となり、伯爵になっている。	⑤⑪
吉田松陰（1830―1859）	幕末期長州藩の志士、思想家、教育者。少年時代、叔父玉木文之進《たまきぶんのしん》や兵学者山田宇右衛門《やまだうえもん》、山田亦介《またすけ》から兵学に関する教育を受ける。9歳のとき、藩校明倫館《めいりんかん》で山鹿流兵学の講義をし、その後、毎年一定期間明倫館で教授することとなる。20歳のとき、藩府の許可を得て九州を遊学し、熊本で宮部鼎蔵《ていぞう》を知る。21歳のとき兵学研究のため藩主に従って江戸へ出て、佐久間象山《さくましょうざん》らの塾で広く学ぶ。安政1（1854）年、25歳のとき浦賀に再度来航したアメリカ軍艦に乗り込み、海外渡航を企てるが失敗し、幕府に自首し、長州藩野山獄に収監される。その後、実家の杉家の敷地に松下村塾を開塾し、多くの門弟を育てる。安政6（1859）年、「安政の大獄《あんせい》」により再び投獄され、10月27日、伝馬町の獄で刑死する。	⑬

16 ジェームス・カーティス・ヘボンのゆかりの地をめぐる

▲山手ヘボン邸跡

アクセス 【行き】ＪＲ・東神奈川駅（東口）
【帰り】ＪＲ・石川町駅（南口）

総距離▼約5.7km **徒歩による所要時間**▼約1時間20分

ＪＲ・東神奈川駅東口を出て、橋を直進。右側に見えてくる階段を下りて地上に降りる。そこにある交番のある交差点を右折し信号を渡る。そこからさらに左に信号を渡り、その先の線路（高架橋）の下をくぐったら、直後の角を右折。そこから5分ほど直進。3つ目の角の左に成仏寺が見えるので左折。一つ目の角を曲がると右側に❶成仏寺入口がある。

成仏寺を出て右折。突き当り（2つ目の角）を、道路を渡ってから左折し、郵便ポストがある、一つ目の角を右折。橋（土橋）を渡って、そのまま直進。緩やかな坂が始まる一つ目の角を左折。進むと右側にヘボンも使ったという❷神奈川の大井戸がある。さらに直進し、突き当たりを右折すると右側に❸宗興寺がある。入って右奥にヘボン博士施療所跡を示す顕彰碑がある。

ＪＲ・東神奈川駅に戻り、ＪＲ京浜東北線・根岸線（横浜方面）に乗り、ＪＲ・石川町駅まで移動。

ＪＲ・石川町駅南口（元町口）を出て、右折。そのまま「フェニックス・アーチ」を入口とする「元町通り商店街」を直進する。商店街の出口（＊同じく「フェニックス・アーチ」がある。）を左折。右側通行で橋を渡り、その先の横断歩道も渡って、右折。「横浜地方合同庁舎」とある看板の後ろに、❹ヘボン邸跡の碑がある。

「ヘボン邸跡の碑」より、先ほどの、「元町通り商店街」の出口まで戻る。そのまま先ほどと同じく、同通りを直進する要領で通りの右側を歩く。そして、一つ目の、山手迎賓館がある角を右折。坂（谷戸坂）を約5分上り、坂が終わったところ（＊「海の見える丘公園前交番」がある。）を右折。徒歩1分で、正面に❺横浜山手外国人墓地の入口が見える。

外国人墓地を出て、そのまままっすぐ、元来た道を戻り、「海の見える丘公園前交番」まで来たら、右折。（＊登って来た坂道を、さらに進む要領）そのまま、道が緩やかな右カーブになるまで直進し、「駐横浜大韓民国総領事館」前も通過し、「山手ロイストン協会」前を通り進んで行くと、❻山手ヘボン邸跡がある。

帰りはそのままの方向でまっすぐ進み、谷戸坂を下って山手迎賓館がある角まで到着したら左折する。そのまままっすぐ進むとＪＲ・石川町駅南口（元町口）に到着する。

1

▲ヘボンが住んでいた成仏寺

各史蹟解説

1 成仏寺《じょうぶつじ》

鎌倉時代の創建とされる、浄土宗の寺。1859年の横浜開港時には、アメリカ人宣教師の宿舎として使われ、ヘボン式ローマ字に知られるジェームス・カーティス・ヘボンが、本堂に住んでいた。ヘボンは日本で最初の和英辞典を編纂したことでも知られる。

2 神奈川の大井戸

江戸時代には宗興寺を「大井戸寺」と呼ぶほど、この井戸は名井戸として知られていた。

2代将軍徳川秀忠が当地に休泊した際には、茶の湯として用いられ、また横浜開港後には宗興寺に滞在したヘボンやシモンズらのアメリカ人宣教師もこの井戸水を使用していた。

3 宗興寺《そうこうじ》

慶長17（1612）年に、曹洞宗寺院として創建。もともと医師であり、医療伝道宣教師として来日したヘボンが、当寺に施療所を開いていた。境内に「ヘボン博士施療所」碑も建てられている。

2

▲江戸時代には東海道中の名井戸に数えられた神奈川の大井戸

3

▲ヘボンが、当寺に施療所を開いていた

コースとおおよその所要時間

- スタート ▼JR京浜東北線／横浜線 東神奈川駅（東口）
- 0.5km 7分
- 1 成仏寺／ジェームス・カーティス・ヘボンの住居
- 0.35km 5分
- 2 神奈川の大井戸
- 0.05km 1分
- 3 宗興寺／ジェームス・カーティス・ヘボンの施療所
- 0.9km 12分
- 乗車 ▼JR京浜東北線／横浜線 東神奈川駅（東口）
- 5.6km 9分
- 下車 ▼JR京浜東北線・根岸線 石川町駅（南口）
- 1km 15分
- 4 ヘボン邸跡の碑／ヘボン塾跡
- 0.6km 8分
- 5 横浜山手外国人墓地
- 0.5km 7分
- 6 山手ヘボン邸跡
- 1.8km 25分
- ゴール ▼JR京浜東北線・根岸線 石川町駅（南口）

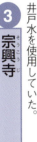

▲文久2（1862）年、この地に移転。「ヘボン塾」を開いた

4 ヘボン邸跡の碑

1859年に来日し、成仏寺に3年住んだヘボンは、文久2（1862）年、この地に移転。「ヘボン塾」を開き、のちに日本の財界や政界で活躍する人物を数多く育てた。中央に横顔のレリーフが埋め込まれたこの碑は、昭和24（1949）年に建てられたもの。

▲40数カ国の外国人約4,800人が眠る墓地

5 横浜山手外国人墓地

横浜開港時の発展に寄与した19世紀の人々を中心に、40数カ国の外国人約4、800人が眠る墓地。きっかけは、いわゆる〝黒船〟来航の際の軍人を埋葬したことによる。

資料館には、埋葬者の業績や墓石の系統を紹介する資料を展示。入館料無料。3月末から12月末までの毎週土・日・祭日に、墓地維持管理募金に寄付すると、内部を見学出来る。（それ以外の期間と雨天時、並びに、葬儀がある時は非公開。募金は200円～300円程度）

▲ヘボンが10年間居住した邸宅跡

6 山手ヘボン邸跡

ヘボンが明治15（1882）年から明治25（1892）年に帰国するまでの10年間居住した邸宅跡。門柱が碑となっている。この時期、ヘボンは『旧・新約聖書』の翻訳事業に尽力した。作業は、友人のブラウン邸で行われ、現在のその場所である横浜共立学園の敷地内には、「新約聖書和訳記念之地」というプレートが残されている。

ジェームス・カーティス・ヘボンの生涯［1815-1911］
◎関連の出来事・略年表

ジェームス・カーティス・ヘボン
プロフィール：宣教師、医師

西暦	関連する主な事件・出来事	本書掲載関連史蹟
1815年	アメリカ・ペンシルベニア州ミルトンにて生まれる。	
1859年	船で横浜に到着する。成仏寺の本堂に住まい、宗興寺に神奈川施療所を設けて医療活動を開始する。	①②③
1863年	横浜に男女共学のヘボン塾を開設。	④
1867年	日本最初の和英辞典『和英語林集成』を編纂する。	
1880年頃	旧約聖書の和訳を完成。	
1886年	『和英語林集成』第3版を出版。	

※以降略

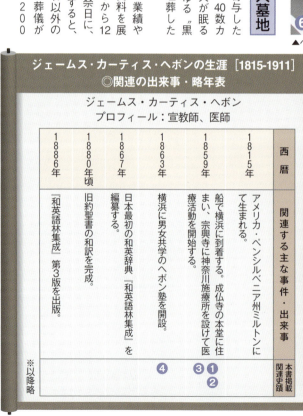

東神奈川駅周辺
START
東神奈川駅東口
CIAL PLAT 東神奈川
第一京浜
第二京浜
広台太田
神奈川区役所
神奈川福祉保健センター
反町公園
二ツ谷
京急本線
仲木戸駅
神奈川小
東光寺
東神奈川駅前郵便局
東神奈川入口
神奈川二丁目
熊野神社
東神奈川出口
村雨橋
東神奈川公園
東神奈川出入口
❶成仏寺／ジェームス・カーティス・ヘボンの住居
滝の川公園
桐畑
神奈川署
横羽線
JR東海道本線・京浜東北線・横浜線
神奈川の大井戸❷
幸ケ谷公園
❸宗興寺／ジェームス・カーティス・ヘボンの施療所

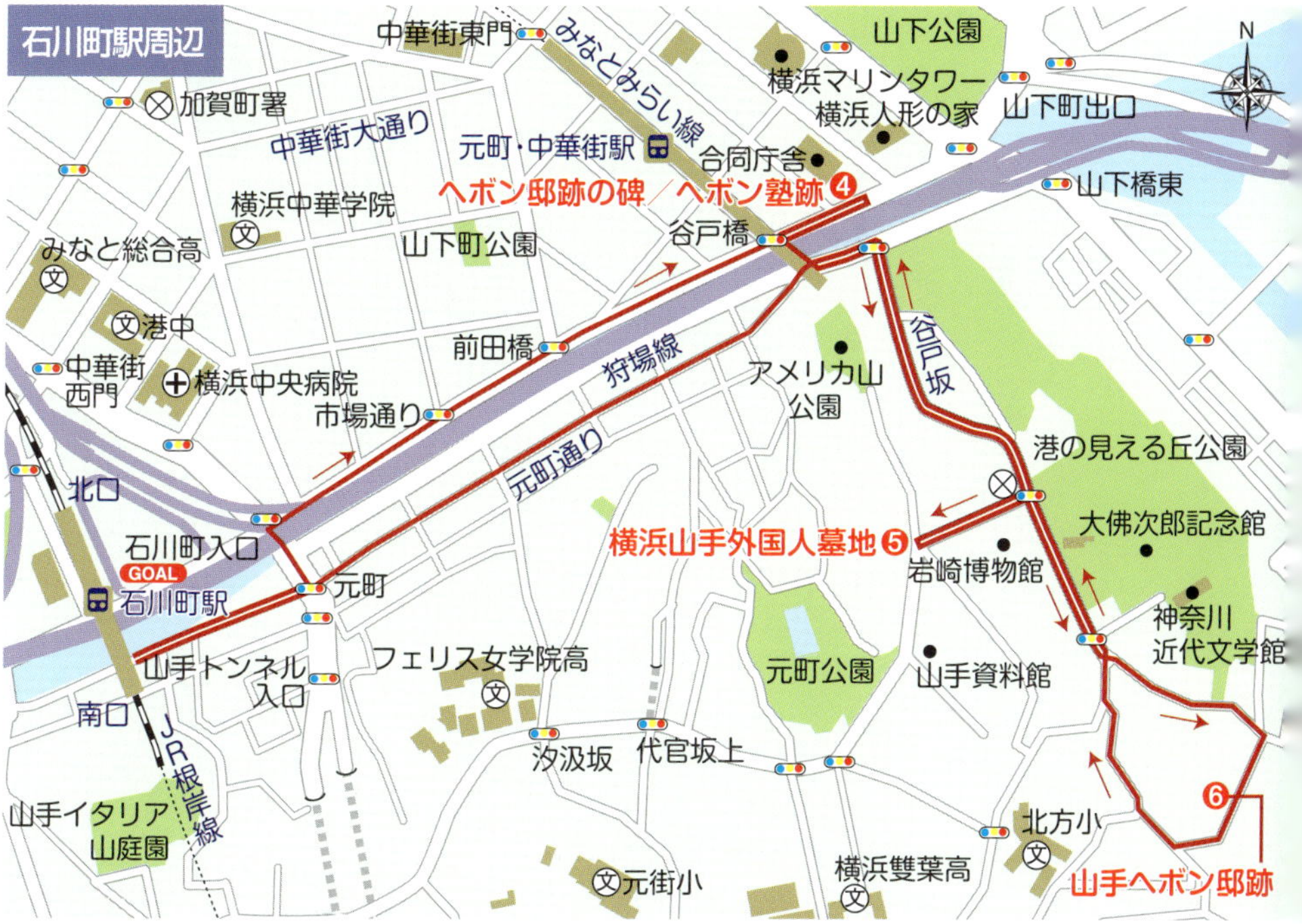
石川町駅周辺
中華街東門
みなとみらい線
山下公園
横浜マリンタワー
横浜人形の家
山下町出口
加賀町署
中華街大通り
元町・中華街駅
合同庁舎
ヘボン邸跡の碑／ヘボン塾跡❹
山下橋東
横浜中華学院
谷戸橋
山下町公園
みなと総合高
港中
前田橋
谷戸坂
中華街西門
横浜中央病院
狩場線
アメリカ山公園
市場通り
港の見える丘公園
北口
元町通り
大佛次郎記念館
石川町入口
横浜山手外国人墓地❺
岩崎博物館
GOAL
石川町駅
元町
神奈川近代文学館
山手トンネル入口
フェリス女学院高
元町公園
山手資料館
南口
JR根岸線
汐汲坂
代官坂上
❻
山手イタリア山庭園
北方小
横浜雙葉高
元街小
山手ヘボン邸跡

17

野口英世ゆかりの地とその周辺をめぐる

コースガイド

アクセス 【行き】京急線・能見台駅
【帰り】京急線・京急富岡駅

総距離▶約4.5km　**徒歩による所要時間**▶約1時間

京急線・能見台駅の改札を出てバスロータリーを左手にまわると反対側に続く歩道橋があり、そこをそのまま渡りきる。進行方向右手に歩いていくと登り坂になり、途中から下り坂となって蛇行しながらそのまま下って行く。

そのまま進むと右手に①横浜検疫所輸入食品・検疫検査センター、その並びに②長浜野口記念公園／旧細菌検査室があり、その隣に③長浜ホール／旧長浜措置場がある。そこからUターンしてすぐ右手に下に降りる階段を降りると、横浜高校グラウンドに隣接する長浜公園にたどり着く。その道を進んで並木ICの上を通る歩道橋を渡り、まっすぐ行くとバス停・長濱公園前に出る。そこを左折し道なりにまっすぐ進んで行く。東浜橋を渡ると緑に囲まれた八幡公園の中に入る。その中を進むと④富岡八幡宮にたどり着く。

ここから左手にこすもす幼稚園を見てまっすぐ進み2本目の道を左折してまっすぐ進み、二股の道に当たるがそこをまっすぐ、次の二股を左折してさらにまっすぐ進むと宮の前信号（横須賀街道との交差点／国道16号線）に出る。そこを渡ってそのまままっすぐ進んで2本目を右折して進むと⑤宝珠院がある。

ここから先ほどの16号線に出て、右折してその道に沿って歩き富岡駅入口信号まで進んだらそこを渡り、右折して富岡駅の方向にまっすぐ進むと京急線・京急富岡駅に到着する。

▲横浜検疫所

各史蹟解説

1 横浜検疫所

同施設は明治12（1879）年7月にコレラ蔓延防止の目的で設置された神奈川県地方検疫局により、年9月に三浦郡長浦に設けた長浦消毒所から始まっている。その後、明治28（1895）年に現住所に移転し、「長濱検疫所」となり、明治32（1899）年4月に「開港検疫法」公布となったため「横浜開港検疫所」となった。この時に、野口英世博士が採用された。現在は輸入食品・検疫検査センターとして、輸入食品の検査や感染症の検査を行っている。入り口前には野口英世像が設置されている。施設の一般公開はしていない。

▲入り口前には野口英世像が設置されている

2 長浜野口記念公園／旧細菌検査室

偉業を成し遂げた野口英世を記念して長浜野口記念公園と旧細菌室がある。長浜野口記念公園内にある小さめの建物が旧細菌検査室だ。旧細菌検査室は旧横浜海港検疫所の一施設である。明治32年5月に開港検疫医官補として勤務を始めた野口英世博士が、翌月の6月に横浜港へ入港する亜米利加丸乗員からペストを発見し、隔離するという成果を納めた場所である。大正12（1923）年に関東大震災で倒壊したが、翌年に復旧した。その後、昭和24（1949）年に試験動物舎として転用されるも、昭和27（1952）年に横浜検疫所新庁舎ができたことで利用が減り、国から横浜市へ売却された。平成8（1996）年から本格的に改修され、平成9（1997）年5月から一般公開されている。日本で唯一現存する野口英世ゆかりの研究施設だ。

▲野口英世が執務した旧細菌検査室

旧細菌検査室 【開館時間】午前9時00分～午後5時00分 【休館日】年末年始・月一程度の施設点検日 【料金】無料

コースとおおよその所要時間

- スタート ▼京急線 能見台駅
- ↓ 0.86km 14分
- 1 横浜検疫所
- ↓ 0.21km 3分
- 2 長浜野口記念公園／旧細菌検査室
- ↓ 0.26km 1分
- 3 横浜市長浜ホール／旧長浜措置場
- ↓ 2km 26分
- 4 富岡八幡宮
- ↓ 0.44km 6分
- 5 宝珠院
- ↓ 0.71km 9分
- ゴール ▼京急線 京急富岡駅

鎌倉八幡宮と同じ頃に創建された富岡八幡宮▲

▲野口英世に関する資料も公開されている

③ 横浜市長浜ホール／旧長浜措置場

横浜検疫所の旧事務棟（旧長浜措置場）の外観を復元し、現在は横浜市民のための音楽を中心とした文化活動のホールとなっている。また野口英世に関する資料も公開されている。長浜野口記念公園内にある。

［開館時間］午前9時00分～午後10時00分

野口英世の生涯［1876-1928］◎関連の出来事・略年表

野口英世（のぐちひでよ）：細菌学者

西暦	関連する主な事件・出来事	本書掲載関連史蹟
1876年	11月9日、福島県三ツ和村三城潟で生まれる。（はじめの名は「清作」）	
1878年	4月末、いろりに落ちて左手に大火傷を負う（清作2歳の時）。	
1898年	8月、清作から英世に改名。 10月、伝染病研究所助手となる。	
1899年	5月、横浜海港検疫所に検疫医官補として勤務。	① ② ③
1900年	12月5日、横浜より亜米利加丸で渡米。	
1913年	麻痺狂及び脊髄癆患者の大脳中にスピロヘータ・パリーダを検出発見。	
1914年	4月、東京帝国大学より理学博士の学位を授与される。 7月、ロックフェラー医学研究所正員に昇進。 ・ノーベル賞候補となる。	
1915年	4月、日本の帝国学士院より恩賜賞を授与される。 ・再び、ノーベル賞候補となる。	
1918年	6月、エクアドル・グアヤキルに出張、当地の黄熱病病原体を発見する。	
1919年	黄熱病病原体について論文を発表する。	
1927年	10月、アフリカへ黄熱病研究のため出張。	
1928年	5月21日、西アフリカ・アクラで黄熱病研究中に、黄熱病に罹り51歳で殉職。	

▲天文年間に創建されたとされる宝珠院

4 富岡八幡宮

源頼朝が1191年に鎌倉の鬼門にあたる当地に鬼門封じとして摂津西宮神社の蛭子尊の分霊を勧請して造営したと言われている。鎌倉八幡宮と同じ頃に創建された。金澤七福神の恵比寿様が祀られている。

5 宝珠院

京都の仁和寺《にんなじ》を総本山とする真言宗御室派の末寺。天文年間（1532－1555）に創建されたとされる。本尊は大日如来で、江戸時代に活躍した仏師・三橋薩摩作の弘法大師像が寺宝である。

18 北条実時ゆかりの地と近現代史蹟をめぐる

▲称名寺境内

アクセス【行き】京急線・金沢文庫駅（東口）【帰り】京急線・金沢八景駅
総距離▶約6・3km
徒歩による所要時間▶約1時間30分

京急線・金沢文庫駅東口に出るとロータリーおよび金沢文庫ふれあい商店街があるが、そのまま商店街入り口に入らずまっすぐ進むと国道16号線に突き当たる。信号を渡り、右に進むと太い道路があるのでそのまま進むと登り坂になっていく。

そのまま突き進むと坂が落ち着き、左手に赤門が見える。ここが❶金沢山称名寺／県立金沢文庫への入口だ。この赤門を背にしてまっすぐの道を下って行くと左手に❷三療山医王院薬王寺がある。

さらにまっすぐ坂を下り、坂が終わるとすぐ右手が❸金沢八幡神社だ。ここ地元では旧道と呼ばれる道で住宅や寺社と商店が立ち並び、この道に沿って京急金沢八景方向にまっすぐ進むとT字路に突き当たる。ここを左手にまっすぐ進んでいくと平潟湾を望める景色に変わる。

そのまま進んでいき1つ目の信号を過ぎると帰帆橋がある。渡ってそのままさらに進んだ野島町の信号付近右手に❹夕照橋がある。ここを背にしてすぐ向かいの商店合間の道をまっすぐ進むと右手に❺野島公園入口がある。ここを右手にしてさらにまっすぐ突き進むと、細い道に出るが抜けると❻旧伊藤博文金沢別邸の裏門に出る。

そのまま沿ってまっすぐ進むと公園内で旧伊藤博文金沢別邸の正面入り口がある。ここからまた❹夕照橋へ戻り、さらにまっすぐ進んで旧道T字路へ向かうとすぐ右手に❼明治憲法草創の碑がある。そのまま京急・金沢八景方向の国道16号線に向かってまっすぐ進むと❽瀬戸橋がある。

そのまま進み16号線に突き当たりの右手に歩道橋があり、そこを反対側にある山側へ渡って降り、そのまま進むと❾瀬戸神社に出る。さらに16号線に沿って進むと右手に京急線・金沢八景駅がある。

各史蹟解説

1 称名寺《しょうみょうじ》／県立金沢《かなざわ》文庫《ぶんこ》

▲赤門をくぐって参道を進んだところに神奈川県立金沢文庫がある

本尊は木造弥勒菩薩立像。北条実時が六浦荘金沢の屋敷内に建てた持仏堂が起源とされる、金沢北条氏一門の菩提寺である。真言律宗の金沢山称名寺《きんたくさんしょうみょうじ》の入口である朱塗りの赤門をくぐって参道を進むと左手に塔頭光明院表《たっちゅうこうみょういんおもて》門《もん》があり、その右手には左右に高さ４ｍの仁王像を配した仁王門が構える。同敷地内左手には北条実時公像があり、さらに左手に進んだトンネルをくぐると、称名寺に関連した美術工芸品や古書・古文書など2万点を収蔵した博物館・神奈川県立金沢文庫がある。

神奈川県立金沢文庫 ［開館時間］午前9時00分～午後4時30分 ［休館日］毎週月曜、祝日の翌日、年末年始 ［料金］学生除く20歳以上250円・学生150円・65歳以上・高校生100円（各身分証提示）

2 薬王寺《やくおうじ》

本尊は薬師如来。兄である源頼朝に攻められ伊豆・修善寺で自刃した三河守・源範頼の霊を弔うため、三河守・源範頼別邸の地に建立された真言宗の寺である。当初は三愈山愈遍照坊と称したが、江戸時代に現在の三療《さんりょう》山医王薬王寺《さんいおうやくおうじ》として再建された。毎年命日の8月24日には追随供養として三河忌が行われている。

3 金沢八幡神社《かなざわはちまんじんじゃ》

主祭神は応神天皇《おうじんてんのう》。明治41（1908）年に界隈の小社が合祀し、主祭神以外に三社の祭神も

▲三河守・源範頼別邸の地に建立された薬王寺

▲鎌倉時代には建立されていたとされる金沢八幡神社

コースとおおよその所要時間

スタート ▼京急線 金沢文庫駅（東口）
→ 1.2km 15分 →
1 称名寺／県立金沢文庫
→ 0.34km 5分 →
2 薬王寺
→ 0.46km 6分 →
3 金沢八幡神社
→ 1.7km 22分 →
4 夕照橋
→ 0.33km 5分 →
5 野島公園（入口）
→ 0.41km 6分 →
6 旧伊藤博文金沢別邸
→ 1.1km 14分 →
7 明治憲法草創の碑
→ 0.18km 2分 →
8 瀬戸橋
→ 0.32km 4分 →
9 瀬戸神社
→ 0.23km 3分 →
ゴール ▼京急線 金沢八景駅

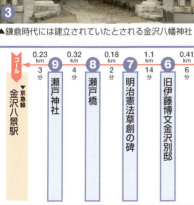

祀られた。旧道と薬王寺・称名寺に続く道の分岐点にある。いつ建立されたかは不明だが、称名寺の古文書によれば700年前に称名寺造営の際に舟が八幡河岸《かし》に陸揚げしたとあり鎌倉時代には存在していたとされる。夏祭りは盛大で大変な賑わいをみせる。

▲安藤広重の「野島夕照」に描かれた橋

4 夕照橋

安藤広重の「野島夕照《のじまのせきしょう》」に描かれた、東京湾に続く平潟湾にかかる橋で野島への入口になる。昔は湾の間を渡舟で行き来していたが、戦時中に海軍飛行場が近くにでき、野島に格納庫を造る計画が浮上。平潟湾の出入口として運河を掘り、八紘橋を架けたが運河を埋め立てる前に終戦となる。その後、夕照橋として橋を架け替えられ現在に至っている。

5 野島公園

この付近一帯は野島山といい、安藤広重の浮世絵にも描かれる美しい海岸線の景観だったが、戦時中の海軍による平潟湾埋め立てにより景観が変わってしまった。現在では横浜市管理の下、野島公園として横浜市唯一の自然海岸である野島海岸をはじめ、バーベキュー場、青少年研修センター、キャンプ場、野球場、駐車場の他、山頂には展望台がある公園となっている。

▲横浜市唯一の自然海岸である野島海岸がある

6 旧伊藤博文金沢別邸

伊藤博文は、野島より少し離れた瀬戸の東屋旅館で明治憲法草案を練り、横須賀市夏島の別荘で完成させたが、この野島の地をいたく気に入り明治31（1898）年に敷地面積9000坪ある木造平屋建て茅葺の別荘を建てた。現在は横浜市が野島公園の計画とともに譲り受けて再建し管理を行っている。

［開館時間］午前9時30分～午後4時30分（※7月・8月は午前9時30分～午後5時30分）［休館日］毎月第一・三月曜（休日の場合はその翌日）、年末・年始［入館料］無料

▲伊藤博文が明治31年に建てた別荘

7 明治憲法草創の碑

明治20（1887）年に伊藤博文・井上毅・伊東巳代治・金子堅太郎の4名が、この地にあった東屋で明治憲法の草案を練っていた。しかしその草案が入った鞄の盗難事件が発生したため、以降は横須賀市夏島の伊藤博文別荘で草案作りが行われることになった。昭和10（1935）年になり、伊藤の側近であった金子堅太郎が東屋の庭に「憲法草創の碑」を建立した。その後、東屋

▲伊藤の側近であった金子堅太郎により「憲法草創の碑」が建立された

が昭和30（1955）年に廃業し、碑は野島に移されたが道整備のため、現在の場に移された。

8 瀬戸橋

安藤広重の江戸名所図絵にも描かれ、江戸時代から観光名所として名高い金沢八景の瀬戸橋。セトとは狭い門（ト）を意味する古い言葉。当時の瀬戸橋付近に旅館や料亭が立ち並んでいた。

9 瀬戸神社

▲源頼朝が、治承４年に伊豆三島明神を勧請したことが起源とされている

祭神は大山祇命《おおやまつみのみこと》。5～6世紀頃は干潮時に急流となる海上の難所だったため海神を祀っていた。社伝には源頼朝が、治承4（1180）年に伊豆三島明神（三島市三嶋大社）を勧請したことが起源とされている。鎌倉時代から伝わる文化財も多くあり、そのうちの1つに源実朝が使い北条政子が奉納したとされる木造《もくぞう》舞楽面《がくめん》が二面残されている。江戸時代には徳川将軍家から百石の朱印を与えられるなど、鎌倉幕府から権力者に保護されていた。大晦日・正月には参拝者が長蛇の列を成す。

▲江戸時代から観光名所として名高い金沢八景の瀬戸橋

人物略年表

人物名	略歴	本書掲載関連史蹟
北条実時《ほうじょうさねとき》（1224～1276）	小侍所別当《さむらいどころべっとう》・引付衆・評定衆などを歴任。執権補佐。学問を好み、儒者・清原教隆《きよはらののりたか》に師事。晩年、所領武蔵国六浦荘《むさしのくにむつらしょう》金沢郷に称名寺を建立。境内に文庫をもうけて和漢書の収集・書写・校訂につとめて金沢文庫の基礎をきずいた。	1
伊藤博文《いとうひろぶみ》（1841～1909）	長州藩出身の明治時代の代表的な政治家。松下村塾に学ぶ。明治14（1881）年の政変のあと、政府の最高指導者となる。1882年渡欧し、ドイツ、オーストリアで憲法調査にあたり、帰国後の1884年宮中に制度取調局を創設してその長官となる。ここから立憲制への移行に伴う諸制度の整備に着手した。1885年には太政官《だじょうかん》にかえて内閣制度を創設し、自ら初代首相に就任した（以降、3度の組閣にあたった）。また翌年から井上毅《いのうえこわし》、伊東巳代治《いとうみよじ》、金子堅太郎《かねこけんたろう》らと憲法、皇室典範のほか貴族院令、衆議院議員選挙法などの草案の起草に着手し、1888年枢密院が新設されるとその議長として憲法草案などの審議にあたった。そして、1889年、大日本帝国憲法の発布に導いた。	5 6 7

金沢文庫〜金沢八景
N
市民の森
神奈川県立金沢文庫
START
京急線・
金沢文庫駅 東口
笹下釜利谷道路
金沢町
❶ 称名寺／県立金沢文庫
海の公園 柴口
❷ 薬王寺
京急本線
横浜市立文庫小
泥亀
横須賀街道
金沢シーサイドライン
海の公園
ハローワーク横浜南
金沢八幡神社 ❸
横浜市金沢区役所
海の公園 南口
京急サニーマート
町屋町
横浜市立
金沢小
ダイエー
金沢八景店
龍華寺
横浜
市立大
❽ 瀬戸橋
済生会若草病院
❾ 瀬戸神社
GOAL
京急線・
金沢八景駅
❼
明治憲法草創の碑
野島公園
❻ 旧
伊藤博文
金沢別邸
昇天山金龍禅院
乙舳町
23
❺ 野島公園
平潟湾
野島町
❹ 夕照橋
柳町
関東学院六浦
こども園

第3章
神奈川県内の主な宿場町をめぐる

▲宗三寺

川崎宿をめぐる

アクセス 【行き】 JR東海道本線/京浜東北線・川崎駅(東口)
【帰り】 JR東海道本線/京浜東北線・川崎駅(東口)

総距離 …約 3.2km　**徒歩による所要時間** …約 45 分

コースガイド

川崎駅前南から新川通りを通り小土呂橋交差点に来たら、そこを左折して旧東海道(いさご通り)に入る。そこをまっすぐ多摩川方向に進んでいき、信号を2つ過ぎた右手に川崎信用金庫本店が見える。その前の広場に、❶「佐藤惣之助生誕の地」記念碑がある。この生家・佐藤家が川崎宿の本陣を勤めた。当時佐藤本陣は碑のある位置の北隣にあった。そこをさらに進んで砂子の交差点を過ぎた右手のコンビニエンスストアの前に❷問屋場跡がある。さらに進んで左に2つの道を過ぎたところの左手に❸川崎・砂子の里資料館がある。そしてまっすぐ進んで次の角を左折すると❹宗三寺/遊女の墓所がある。次に宗三寺から元のいさご通りまで戻り、そこから左折して多摩川方向に進んで左に1つめの道を過ぎた左手に❺田中本陣跡がある。そこを過ぎて最初の角を左折していくと❻一行寺がある。また元のいさご通りまで戻り、そこをまっすぐ多摩川方向に進んで本町の交差点を渡り、さらにまっすぐ進んでいくと、橋の手前、左手に❼万年屋跡の案内板が掲示してある。そこをさらに道なりに進んで橋の下を通って出た道を左に曲がって川の方向に進んでいくと、丁度橋を渡る手前の場所に❽史跡 東海道川崎宿 六郷の渡し/明治天皇六郷渡御碑がある。

今度はそこを背にしてまっすぐ進むと、競馬場前の交差点にさしかかる。そこを渡り、しばらく第一京浜をまっすぐ進むと右手に❾稲毛神社が見えてくる。稲毛神社から元の第一京浜に戻り、そこを背に右にまっすぐ進み、最初の交差点を右折し、市役所通りをまっすぐ進むとJR・川崎駅東口に到着する。

各史蹟解説

▲その当時、佐藤本陣は現在碑のある位置の北隣にあったという

1 佐藤本陣跡／佐藤惣之助生誕地の碑

佐藤惣之助は、詩人であり作詞家であり、「赤城の子守唄」や「人生劇場」「人生の並木道」など、昭和の名曲の作詞を手がけた。その生家である佐藤家が川崎宿の本陣を勤めていた。その当時、佐藤本陣は現在碑のある位置の北隣にあったという。

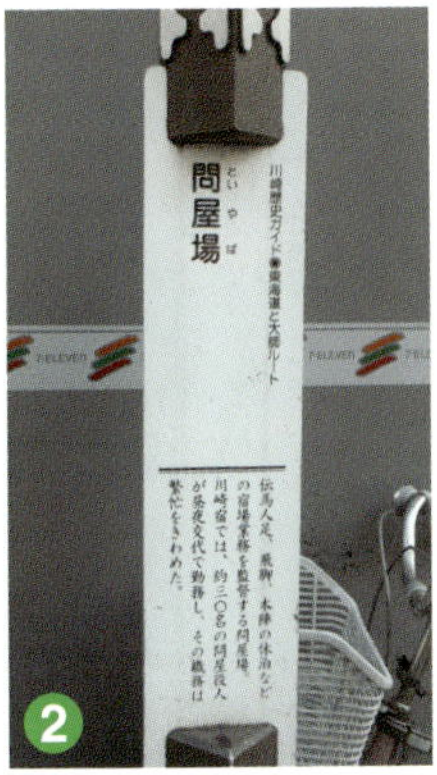

▲一つの宿場に複数の問屋場があった宿場もある

2 問《とい》屋《や》場《ば》跡《あと》

宿場は、諸荷物の運搬に関わる人夫や馬を交代させるための重要な役割を担っていた。それらの業務を円滑に運営するために、問屋場には宿場の最高責任者である問屋《とい や》、問屋の補佐役である年寄《としより》、事務担当の帳付《ちょうづけ》が詰めていた。なお、一つの宿場に複数の問屋場があった宿場もある。

3 川崎・砂子《いさご》の里資料館

2001年に開館。旧東海道沿いにある私立美術館。所蔵品は、当初川崎・横浜や神奈川県内の風景画の浮世絵が中心。特に開港当時の横浜絵は県立博物館に次ぐ所蔵を誇っている。

［開館時間］午前10時00分～午後5時00分［休館日］展示期間中の日曜・祭日、入れ替え期間中、8月 入館無料

▲開港当時の横浜絵は県立博物館に次ぐ所蔵を誇る

コースと所要時間

- スタート ▼JR東海道本線／京浜東北線 川崎駅（東口）
- 0.6km 8分
- 1 佐藤本陣跡／佐藤惣之助生誕地の碑
- 0.14km 2分
- 2 問屋場跡
- 0.09km 1分
- 3 川崎・砂子の里資料館
- 0.14km 2分
- 4 宗三寺／遊女の墓所
- 0.15km 2分
- 5 田中本陣跡
- 0.1km 2分
- 6 一行寺
- 0.6km 7分
- 7 万年屋跡
- 0.15km 2分
- 8 史跡 東海道川崎宿 六郷の渡し／明治天皇六郷渡御碑
- 0.7km 8分
- 9 稲毛神社
- 0.55km 7分
- ゴール ▼JR東海道本線／京浜東北線 川崎駅（東口）

▲寛永6（1629）年に川崎宿で初めて設けられた

▲宿場の賑わいを支えた飯盛女（遊女）の供養塔がある

4 宗三寺／遊女の墓

飯盛女（遊女）とは飯盛旅籠で働くために年季奉公で近郷から売られてきた女性たちのことをいう。旅人に給仕をしたり床を共にしたりするのが主な仕事であった。そのような彼女たちの多くは、体を壊し、亡くなっても墓にも入れずに捨てられた。宗三寺の供養塔はそんな彼女たちの冥福を祈って、大正初期に川崎貸座敷組合によって建てられたものである。

5 田中本陣跡

田中本陣は寛永6（1629）年に川崎宿で初めて設けられた本陣である。広さは延べ231坪（762㎡）もある建物であった。川崎宿に3軒あった本陣のうち、江戸側にあったことから「下本陣」と呼ばれた。

6 一行寺

一行寺は円超大和尚（良忠寺の18代住職）によって、徳川三代将軍・家光の時代の寛永8（1631）年に創建された。戦前は閻魔堂があったことから、別名閻魔寺ともいわれた。その後、戦争のためすべて焼失したが、本堂・客殿の新築を行い、現在は客殿正面にお釈迦様と水子地蔵と共にお閻魔様が安置されている。

▲別名閻魔寺ともいわれた一行寺

7 万年屋跡《まんねんやあと》

万年屋は、江戸時代、川崎宿にあった掛茶屋。炒った大豆や小豆などを加えて塩や醤油で味付けした煎茶やほうじ茶で炊き込んだ奈良茶飯が評判だった。米国総領事ハリスや皇女和宮も宿泊した。江戸時代後期には大名が昼食に立ち寄るほどの人気を博したという。

▲奈良茶飯が評判だった万年屋

8 史跡 東海道川崎宿 六郷の渡し／明治天皇六郷渡御碑

「六郷の渡し」は、旧東海道における八幡塚村と川崎宿間をつなぐ交通上極めて重要な場所だった。永禄年間（1558～69）慶長年間（1596～1614）の2度架橋されたが、その後貞享5（1688）年の洪水により流失してからは、橋を架けず渡船によって交通が行われた。現在の橋は昭和59（1984）年に架橋されたものである。

なお、当地は、明治元（1868）年9月20日、明治天皇が東京行幸のため京都御所を出発され川崎宿まで来られた際、橋が無いため、対岸まで二十三艘の船を並べて板を敷き、その上を明治天皇が渡られたという。

▲かつては橋を架けず渡船によって交通が行われた「六郷の渡し」

9 稲毛神社

創建の年代は不詳であるが、社伝によれば、武甕槌神《たけみかづちのかみ》を祀って天皇の軍の戦勝を祈ったのに始まると伝えられる。景行天皇が東国巡行の際に、当社で賊難を避けたという。欽明天皇が東征のとき、新たに配祀神四神を祀り、以降長らく勅願所とされたと伝えられる。当初は祭神の名前から「武甕槌宮」と称していたが、平安時代末期、この地を領有した桓武平氏系秩父氏の河崎基家が山王権現を勧請して以降、「河崎山王社」「堀之内山王権現」などと呼ばれるようになった。鎌倉時代には、宇治川合戦先陣で有名を馳せた佐々木四郎高綱が源頼朝の命を受けて御社殿の造営に当たった。

▲天皇軍の戦勝を祈る社として建てられた

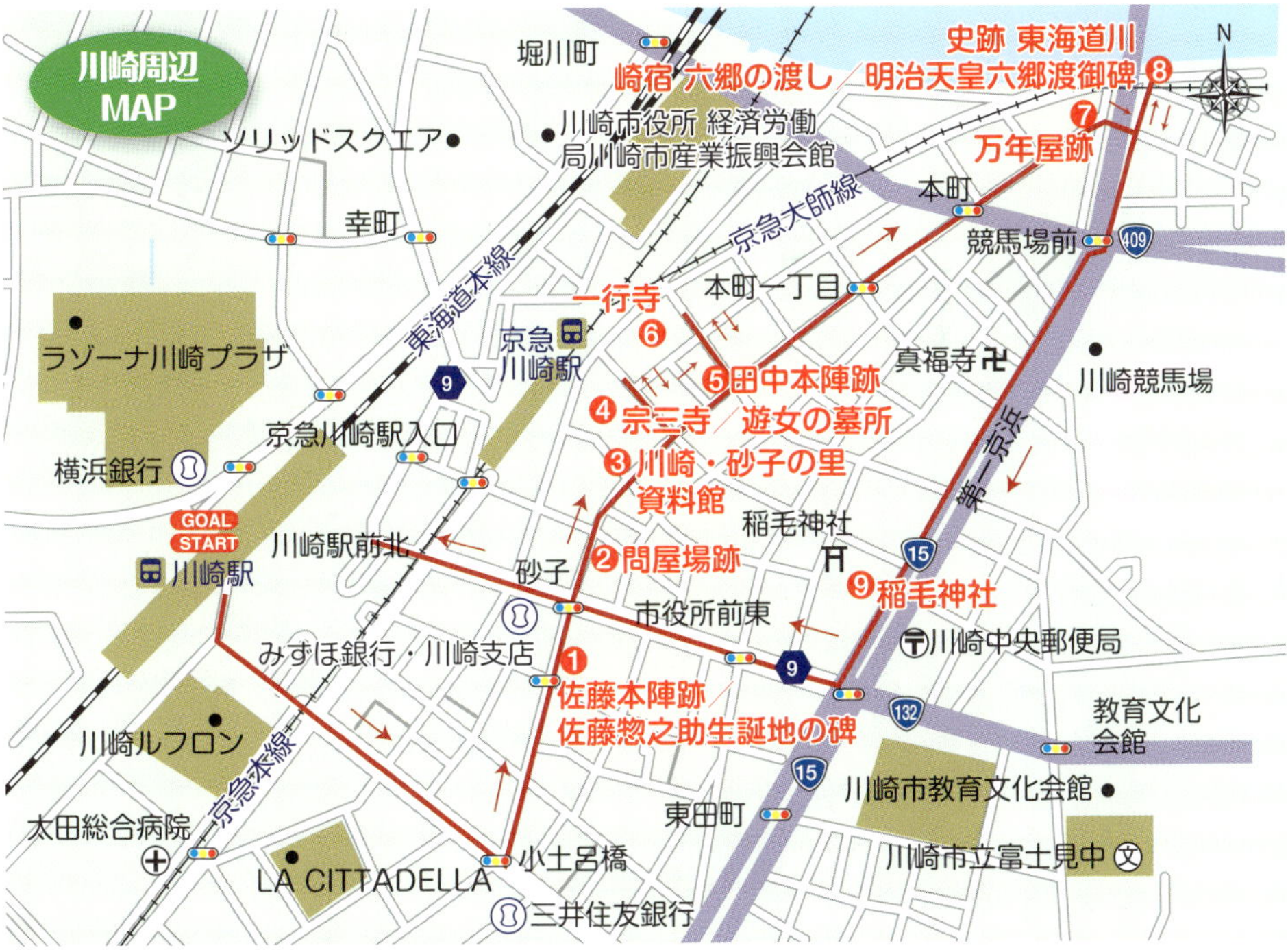

▲神奈川台関門跡

20 神奈川宿

神奈川宿と激動の幕末ゆかりの地をめぐる

アクセス 【行き】 JR横浜線・東神奈川駅（東口）
【帰り】 JR東海道本線／京浜東北線・横浜駅（西口）

総距離 …約 4km　**徒歩による所要時間** …約 55 分

コースガイド

JR・東神奈川駅東口を出たら踏切を渡り、トヨタカローラ神奈川東まで歩き、ここを背にしてすぐ右へ曲がる。そしてすぐの道を右に曲がると❶**東光寺**がある。トヨタカローラまで戻り、向かいの道の正面をまっすぐ進む。左手に3本の道を見ながら進むと突き当たり左手に❷**神奈川宿高札場**がある。滝の川の手前の道を右に進み、左にある橋を渡ると❸**浄瀧寺**がある。そこを背にして右に進み、二股を左の道に進む。さらに進んで第一京浜を横断し、二本目を右折、その次の角を左折して進んで行くと左手に❹**神奈川台場公園**がある。ここから元の道へ戻ってすぐに左折し、橋を渡って右折すると第一京浜との交差点（中央市場入口の信号）に出る。その手前のランドシティ横濱ポートサイド前に❺**本陣跡**がある。ここから歩道橋で反対側に渡って左へ降りて進み、右へ曲がり2本目を右へ曲がると❻**洲崎明神社**がある。ここを背にして右に曲がり3つめの角を右折すると第二京浜に突き当たる。京急神奈川駅を右手に見ながら青木橋を渡ると右手の階段上に❼**本覺寺**がある。階段を下りてここを背にして二股を左の道へ進み、次の角を右折すると坂に入る。ここを進むと1本目の道を過ぎた右手が❽**一里塚跡／大綱金刀比羅神社**で、さらに進んだ左手に❾**割烹料亭田中屋**があり、さらに進んだ小さな緑の場所に❿**神奈川台の関門跡**がある。ここからまっすぐ進んで行くと高架の上にある⓫**上台橋**にたどり着く。これを渡りそのまま左下へ下がると道路に出る。左へそのまま沿って行き、首都高速東神奈川2号三ツ沢線をそのまま越えると横浜駅西口へ到着する。

各史蹟解説

1 東光寺

太田道灌ゆかりの寺。室町時代後期の武将・太田道灌は享徳の乱、長尾景春の乱で活躍し、江戸城を築城した人物である。この太田道灌の守護仏が同寺の本尊だった。その後、現在の横浜市港北区の小机城を落城させた後、小田原北条氏の家臣である平尾内膳がこの本尊を賜りこの地に同寺を建立したと伝わっている。

1
▲太田道灌の守護仏が同寺の本尊だった

2 神奈川宿高札場

東海道に9つあった宿場には必ず1つこの高札場があった。当時は幕府が決めた法度や掟書を木の板札に書いて高く掲げていた。神奈川宿の大きさは、高さ約3・5m、長さ（間口）約5m、横（奥行）は約1・5mあった。今の神奈川警察署西側付近にあったとされる。資料を基に復元され、現在は神奈川地区センター脇にある。

2
▲高さ約3.5m、長さ（間口）約5m、横（奥行）は約1.5mあった

3 浄瀧寺《じょうりゅうじ》／イギリス領事跡

文応年間（1260〜61）に創建されたが、江戸時代には池上本門寺の貫主が鎌倉へ往来する際に必ず当所に立ち寄ったといわれている。開港時には本堂などがペンキで塗られイギリス領事館に利用された。当時の庭園には領事が手植えした松があり、「多行松」と呼ばれ横浜十名木となったが、横浜大空襲で焼失してしまった。

3
▲文応年間（1260〜61）に創建された

コースと所要時間

- スタート ▼JR横浜線 東神奈川駅（東口）
- 0.35km 4分
- 1 東光寺
- 0.35km 5分
- 2 神奈川宿高札場
- 0.22km 3分
- 3 浄瀧寺／イギリス領事跡
- 0.68km 9分
- 4 神奈川台場公園
- 0.35km 4分
- 5 神奈川宿本陣跡
- 0.3km 4分
- 6 洲崎明神社
- 0.5km 6分
- 7 本覺寺／アメリカ総領事館跡
- 0.3km 4分
- 8 一里塚跡／大綱金刀比羅神社
- 0.15km 2分
- 9 割烹料亭田中屋
- 0.18km 2分
- 10 神奈川台の関門跡
- 0.27km 3分
- 11 上台橋
- 0.4km 5分
- ゴール ▼JR東海道本線／京浜東北線 横浜駅（西口）

▲万延元（1860）年に幕府が横浜港を守るため建設された海防砲台

4 神奈川台場公園

ＪＲ貨物線の場所が神奈川台場遺跡であり、現在は隣接する同公園に当時の資料を展示している。その先には一部となる石垣が残存している。万延元（1860）年に幕府が横浜港を守るため伊予松山藩に命じ、勝海舟が設計して建設されたのが海防砲台である。明治32（1899）年の廃止まで、外国との儀礼交換の祝砲礼砲の発射地として利用された。神奈川地区センターでは、付近を再現したジオラマが展示されており、神奈川台場が確認できる。

5 本陣跡

大名や公家が宿泊や休息をした幕府公認の宿が本陣である。現在もある滝の川を挟み、江戸川に神奈川（石井）本陣、向かい側に青木（鈴木）本陣があった。現在の第一京浜道路付近にあったとされ、案内板が置かれている。

6 洲崎明神社

1180年に「石橋山の戦い」があり、平氏方との戦いで敗れた源頼朝は、安房国（千葉県）一宮の安房神社に再起を誓った。その後、本望を成し遂げた源頼朝は、建久2（1191）年に安房神社から分霊し、この地に祀ったことがはじまりとされる。毎年6月頃に洲崎大神ちょうちん祭りが行われる。重さ2トン・高さ約5ｍという日本最大級の提灯が神輿につけられて練り歩き、毎年多くの見物客で賑わいをみせる。

▲源頼朝が安房神社から分霊し、この地に祀ったことがはじまり

▲開港時にアメリカ領事館として利用された本覺寺

7 本覺寺／アメリカ総領事館跡

1226年、栄西によって創建されたと伝わる。開港時にアメリカ領事館として利用された。領事のドーアが松の枝を払落して星状旗を掲げ、本尊を板で覆って山門をペンキで塗り、日本人の出入りを禁止したといわれている。境内には安政5（1858）年の日米修好通商条約締結でアメリカ公使・ハリスと交渉にあたった全権委員・岩瀬《いわせ》忠震《ただなり》の石碑がある。

8 一里塚跡／大《おお》綱《つな》金《こ》刀《と》比《ひ》羅《ら》神《じん》社《じゃ》

平安末期の創立といわれる。もとは飯綱大権現といって現在の境内後方の山頂にあった。明治44（1911）年に現在の地へ移り金毘羅大権現と合併し、大綱金刀比羅神社となった。かつて神奈川湊には多くの船が出入りし江戸と上方の物流を支えていた。これらの船が同社で海上での無

▲坂本龍馬の妻であったおりょうが働いていた

▲神奈川湊に出入りする多くの船乗りが海上祈願した神社

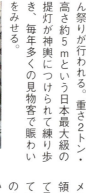

事を願い出港していた。また同社の鳥居横には、日本橋から7つめにあたる一里塚が置かれていたとされる。『神奈川駅中図会』にも描かれ、土盛りの上に桜が植えられている。

9 割烹料亭田中屋

文久3（1863）年創業。前身は歌川広重の東海道五十三次に描かれている旅籠さくらやである。同店には高杉晋作やハリスも訪れている。また坂本龍馬の妻であったおりょうが、勝海舟に紹介され、明治7（1874）年からしばらく住み込みで働いていた。現在も割烹料亭田中屋として営業している。向かいの道には台町の茶屋の説明がある。

10 神奈川台の関門跡

開港時、日本人による外国人殺傷事件が後を絶たず、各国領事が幕府を激しく非難していたため幕府が警備体制強化のために設けた関門の跡である。文久2（1862）年の生麦事件ではイギリス兵の追撃を封じるために島津久光の行列通過を待って関門を閉じたとされる。

▲幕府が警備体制強化のために設けた関門の跡

11 上《かみ》台《だい》橋《ばし》

『神奈川駅中図会』にも描かれた神奈川湊まで続く海辺の道であった。昭和5（1930）年の開発で切通しの道路とこの橋が架けられた。

▲この橋は昭和5（1930）年に架けられた

▲旅籠屋

アクセス 【行き】相模鉄道・天王町駅（北口）
【帰り】ＪＲ横須賀線・保土ヶ谷駅（西口）

総距離 …約 4km　徒歩による所要時間 …約 50 分

保土ヶ谷宿をめぐる①

コースガイド

相模鉄道・天王町駅北口から出て左へ曲がるとすぐ八百屋があり、また左へ曲がってまっすぐに進んで橋を渡る。西横浜入口交差点のところで左折して進んで次の信号付近に**①橘樹神社**がある。その信号を右折して進んだ3本目の道を越えた左手に**②保土ヶ谷宿江戸方見附跡**の案内板がある。ここからはじめの相模鉄道・天王町駅北口まで戻り、駅の反対側である南口に向かい右へ曲がった小さな公園の中に**③旧帷子橋跡**がある。ここから向かいの太い道路に沿って進み、4つ目の交差点反則センター手前にあるフェンス前に**④旧中橋跡**の案内板がある。

さらに進んで行き、県道201号線に入ってさらに進むと、左手に「まいばすけっと」がある。その左わき道に4つの石碑が立ち並ぶ**⑤金沢横町道標**がある。右手には金沢横丁の指標がある。そのまま進んで踏切を渡り、まっすぐ行くと国道1号線に出る。そこの信号を渡るとすぐに**⑥本陣（軽部本陣）跡**がある。

そこを背に左直前の電柱付近に**⑦脇本陣（藤屋）跡**があり、その先の保土ヶ谷消防署本陣出張所敷地内に**⑧脇本陣（水屋）跡**がある。さらに進むと**⑨旅籠屋（本金子屋）跡**がある。ここから⑧脇本陣（水屋）跡方向へ戻る手前に信号があり、反対側へ渡り、すぐの道を左折して進むと**⑩大仙寺**がある。

ここから先ほどの⑨旅籠屋（本金子屋）跡まで戻ってその先を進んで左手の赤い仙人橋を渡るとそこが**⑪外川神社**だ。ここから元来た道を⑤金沢横町道標まで戻り、ここを右手にして右へ曲がり、次を左へ曲がり進んで川を渡り、まっすぐ進むとJR・保土ヶ谷駅西口にたどり着く。

各史蹟解説

1 橘樹神社《たちばなじんじゃ》

文治2（1186）年に源頼朝の天下の平和を祝い、京都祇園八坂神社を勧請して創建したとされる。かつては、この地の由来とされる牛頭天王社と呼ばれていた。大正10（1921）年に現在の橘樹神社と改称した。

▲京都祇園八坂神社を勧請して創建

2 保土ヶ谷宿江戸方見附

保土ヶ谷宿は東海道五十三次の4番目の宿場である。各宿の江戸側出入口には土を盛って木で組んだものが置かれ、宿場の範囲を示していた。当時、この辺りに置かれていたものと考えられ、案内板を設置している。

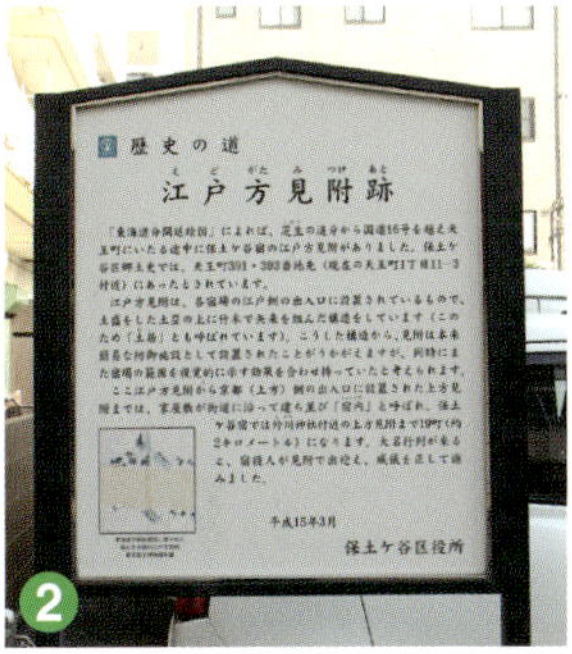

▲江戸から４番目の宿場

3 旧帷子橋跡《かたびらばしあと》

東海道五十三次や俳句、歌にも詠まれた帷子橋は、江戸時代に帷子川に架けられていた。昭和39（1964）年に帷子川の流れを相模鉄道・天王町駅の北側から南南側に架け替えられたことで帷子橋の位置が変わっている。かつての帷子橋跡地がこの駅前公園に復元されていて、近隣住民の憩いの場となっている。

▲東海道五十三次や俳句、歌にも詠まれた帷子橋

4 旧中橋跡《きゅうなかのはしあと》

かつて今井川がここにあり、宿場を横切っていた。この今井川に架けられていたのが中橋で

▲今井川に架けられていた中橋

コースと所要時間

スタート ▼相模鉄道 天王町駅（北口）
↓ 0.24km 3分
1 橘樹神社
↓ 0.18km 2分
2 保土ヶ谷宿江戸方見附跡
↓ 0.24km 3分
相模鉄道「天王町駅」南口
↓ 0.12km 2分
3 旧帷子橋跡
↓ 0.65km 8分
4 旧中橋跡
↓ 0.5km 6分
5 金沢横町道標
↓ 0.2km 3分
6 本陣（軽部本陣）跡
↓ 0.09km 1分
7 脇本陣（藤屋）跡
↓ 0.05km 1分
8 脇本陣（水屋）跡
↓ 0.05km 1分
9 旅籠屋（本金子屋）跡
↓ 0.18km 2分
10 大仙寺
↓ 0.5km 7分
11 外川神社
↓ 1km 14分
ゴール ▼JR横須賀線 保土ヶ谷駅（西口）

ある。今井川は保土ヶ谷宿を建設した時に人工的に造った川だが、幕末時には大雨で下流が浸水する被害などが起こっていた。そのため嘉永5（1852）年に今の川筋に改修された。現在、この地に案内板を設置している。

5 金沢横町道標《かなざわよこちょうどうひょう》

▲4基の道標

旧東海道の金沢・浦賀方面の出入口として、金沢横丁と呼ばれていた。道標を4基設けたが建立年はそれぞれに違い、現在に至る。右からかなざわ通りぬけと刻印された天明3（1783）年建立の円海山之道。次が、ぐめうし道と刻印された天和2（1682）年建立のかなさわかまくら道。次が程ヶ谷の枝道曲がれ梅の花　其爪と刻印された文化11（1814）年建立の杉田道。最後の4つ目が弘化2（1845）年、建立のほうそう（天然痘）の守り神として信仰されている富岡の長昌寺へ向かう富岡山芋大明神の道である。

6 本陣（軽部本陣）跡

▲小田原北条氏家臣・苅部豊前守康則からはじまる代々の子孫が勤めた

慶長6（1601）年、徳川家康が当時の「ほとかや」に向けて、東海道の伝馬制度を定めた「伝馬朱印状」を送ったことで保土ヶ谷宿ができたとされる。宿場には、参勤交代の大名が宿泊できるよう本陣を設けた。それには、保土ヶ谷宿では問屋・名主を兼ねて最も有力な、小田原北条氏家臣・苅部豊前守康則からはじまる代々の子孫が勤めた。明治3（1830）年苅部から軽部に改称した。現在、隣家の軽部邸がその子孫である。

7 脇本陣（藤屋）跡

▲消防署の一つ手前。隣が保土ヶ谷消防署本陣出張所

8 脇本陣（水屋）跡

混雑して本陣だけでは泊りきれない時に利用されたのが、脇本陣である。本陣と同じ格式を持つ。保土ヶ谷宿にはここを含めて3軒（藤屋・水屋・大金子屋）あった。ちなみに、天保年間（1830年～1844年）の藤屋脇本陣の規模は、建坪118・8坪（約393㎡）であったと記録に残っている。明治3（1870）年の宿駅制度廃止まで本陣と共に続いた。

▲保土ケ谷宿の脇本陣はここを含めて3軒あった

9 旅籠屋（本金子屋）跡

大名以外の庶民が利用できる宿屋であった。初期のころは食事を出さない「木質旅籠屋」として、旅人が持参した食料を自炊する薪を提供するだけだった。それが元禄（1690年代）に

なり、食事や酒を提供する旅籠屋が増えたことで、この旅籠屋（本金子屋）も提供するようになった。

▲大名以外の庶民が利用できた宿屋

10 大仙寺

参勤交代の大名らが道中の安全祈願を行った寺である。境内には米俵三俵を一度に運んだとされる力持ち、お伝という保土ヶ谷宿一の女傑の俵型の墓所や女流俳人・幸田南枝の墓所がある。

11 外川神社

江戸時代末に外川仙人大権現として創建され、航海安全や虫封じとして信仰されている。明治2（1869）年の神仏分離令で日本武尊祭神とし、外川仙人大権現となった。同社前には一里塚と今井川に架かる仙人橋がある。

▲航海安全や虫封じとして信仰されている

▲参勤交代の大名らが道中の安全祈願を行った寺

▲京方見附跡

保土ヶ谷宿❷

保土ヶ谷宿をめぐる❷

アクセス 【行き】ＪＲ横須賀線・保土ヶ谷駅（西口）
【帰り】ＪＲ横須賀線・東戸塚駅

総距離 …約 6km　**徒歩による所要時間** …約 1 時間 20 分

コースガイド

ＪＲ・保土ヶ谷駅を西口に出て、駅を背にしてすぐ左手の道をまっすぐ進み、宿場そば桑名屋が見えたらその角を右折して進む。そのまま川を越えてまっすぐ進んで県道201号線・旧東海道を越えて、かなざわかまくら道に入る（詳しくは地図参照）。

ここをすぐ右折して前の角へ左折して進むと道が左右に分かれる。ここを右折して進み、次の三つ又を左折して踏切を渡って進むと東海道・国道1号線にぶつかる。

ここを右折して進み、信号を1つ越えてさらに進むと左手に川が見え、その先左手に小さな松林と盛り土、小さな仙人橋が見える。ここが**❶上方（京都側）見附跡**だ。

ここからまっすぐ進み、5つ目の信号元町橋交差点前に着くと右手に元町橋派出所がある。ここを右折して進むと左手に坂に入る道がある。ここが**❷権太坂**入口だ。急な上り坂を上がって行くと横浜横須賀道路に架かる権太坂陸橋があり、渡り切ってさらに上がって行くと、右手に光陵高校がある。壁際には権太坂の碑と説明板がある。

ここをさらに進んでいくと右手に東海道五十三次の絵と保土ヶ谷消防団第一分団の建物、バスロータリーがあり、その前が道路に面した横浜市立境木中学校である。この道路を左折して進んでいくと、左に2本目の突き当たりに小さな緑の一角があり、ここに**❸投込塚之跡／投込塚の碑**がある。

ここから先ほどの横浜市立境木中学校方面へ戻りそのまま曲がらずにまっすぐ進むと右手に**❹境木立場跡**があり、道路向かい側に境木立場跡の説明板がある。若林家のすぐ先が**❺境木地**

蔵尊で、その前には境木地蔵尊バス停がある。

ここから信号で反対側に渡り左手の境木地蔵尊バス停前の道を下って行くと竹林が続きその先に**⑥萩原代官屋敷道場跡**がある。門構えのみが残っている。ここから先ほどの境木地蔵尊バス停前の道まで上って戻るとすぐ左が**⑦焼餅坂**入口となり、説明板がある。ここから下って品平橋を渡ってまっすぐ進むと、右手に株式会社森の贈り物があり、その1つ先右手に**⑧品濃一里塚**がある。

ここからまっすぐ直進し突き当たりを右折して進むと環2品濃交差点に着く。ここを反対側へ渡り左折して環2東戸塚交差点を右折するとJR・東戸塚駅前に着く。

各史蹟解説

1 上方見附跡（京都側）

京都側の出入り口にあたる。仙人橋を渡れば外川神社だが、ちょうどこの付近にあったとされる。またこの近くには、江戸・日本橋から八番目にあたる一里塚もあったとされる。

▲江戸・日本橋から八番目にあたる一里塚もあったとされる

2 権太坂

江戸から西へ向かう中での最大の難所ともいわれる権太坂は、かなりの上り坂である。当時は東海道五十三次にも描かれるほど、坂上から眺める神奈川の海の景色は素晴らしいほどであった。現在は海が遠くなり、学校や住宅が立ち並ぶ。

▲現在は学校や住宅が立ち並ぶ

3 投込塚之跡／投込《なげこみ》塚の碑

▲多くの行き倒れた旅人のために建立された碑

コースと所要時間

スタート ▼JR横須賀線 保土ケ谷駅（西口）
→ 1.1km 13分 → ① 上方（京都側）見附跡
→ 1.2km 16分 → ② 権太坂
→ 1.5km 17分 → ③ 投込塚之跡／投込塚の碑
→ 0.3km 4分 → ④ 境木立場跡
→ 0.03km 0分 → ⑤ 境木地蔵尊
→ 0.24km 3分 → ⑥ 萩原代官屋敷道場跡
→ 0.45km 6分 → ⑦ 焼餅坂
→ 0.21km 3分 → ⑧ 品濃一里塚
→ 0.95km 12分 → ゴール ▼JR横須賀線 東戸塚駅

権太坂を超えたあたりの団地付近に碑がある。東海道の中でも難所であったため、多くの旅人が行き倒れていた。その当時の白骨が、昭和の発掘調査で多数発見され、供養のために碑を建立した。

4 境木《さかいぎ》立場《たてば》跡《あと》

説明板は若林家向かい側にある。立場とは、宿場と宿場の間に設けられた馬子や人足の休息場のことで、茶や餅などを出す立場茶屋があった場所とされる。立場茶屋で出す牡丹餅は境木名物として有名であった。この立場茶屋の中で特に有力だったのが若林家である。明治時代末期まで、参勤交代の大名が利用するなど、黒塗りの馬乗門といった本陣並みの構えの建物があったとされる。現在は、門構えのみ残され子孫が住んでいる。

▲若林家向かい側にある説明板

5 境木《さかいぎ》地蔵尊

若林家の先にあり、旧東海道の権太坂頂上にあたる。手前には武蔵国と相模国の国境をあらわす武相国境之木モニュメントが建つ。万治2（1659）年に地蔵堂が建立された。もとは良翁寺という寺があったが、関東大震災で被災し廃寺となったため、地蔵堂と江戸・吉原寄進による手洗い鉢が残った。地元の信仰を集め、参拝者が絶えない。近くの境木商店街・和菓子屋では境木《さかいぎ》地蔵尊にちなんだ「おじぞうさんもなか」が名物だ。

▲旧東海道の権太坂頂上にあたる境木地蔵堂

6 萩原代官屋敷道場跡

近藤勇が他流試合に立ち寄った道場。現在は門構えだけ残した雑木竹工房萩原となっている。代々旗本・杉浦氏の代官職であった萩原家はこの地に屋敷を構え、幕末から明治初年の当主・太郎行篤が嘉永4（1851）年に直

▼現在は門構えだけ残した萩原代官屋敷道場跡

心影流免許皆伝を取得し、道場を開いた。萩原氏所蔵の「剣客名」には慶応2（1866）年9月まで総計225名の入門者に達し、その中には近藤勇の名もある。

7 焼餅《やきもち》坂

境木地蔵尊向かい側に焼餅坂があり、そのまましばらく下って行くと平らとなり、そこに品平橋がある。ここが焼餅坂と品濃坂の境目地点となる。ここから品濃坂に入ると上り坂となり、その先に品濃一里塚がある。焼餅坂の由来は、当時、坂周辺に茶屋が立ち並び焼餅を売っていたからとされる。

▲坂周辺に茶屋が立ち並び焼餅を売っていたことから坂の名がつた

8 品濃一里塚

昭和41年に神奈川県の史跡に指定された。焼餅坂から品濃坂に入り、坂を進んで行くと途中から平らになる地点がある。ここが品濃一里塚とされる。日本橋から9番目の一里塚となり、保土ヶ谷宿と戸塚宿の間に位置する。旧東海道を挟んで東西に2つ塚があるため、地元では一里山と呼ばれていた。神奈川県内で道の両側に塚が当時のまま残存するのはここだけである。

▲保土ヶ谷宿と戸塚宿の間に位置する品濃一里塚

▲遊行寺（© 清浄光寺（遊行寺）蔵）

藤沢宿とその周辺をめぐる

アクセス 【行き】小田急線・藤沢本町駅
【帰り】小田急線・藤沢本町駅
総距離 …約 3.7km 徒歩による所要時間 …約 1 時間 10 分

コースガイド

小田急線・藤沢本町駅改札を出て右に進み、線路を越えたら左折して直進する。最初の信号を右に折れ、少し古くと❶上方見附跡の標柱がある。

来た道を少し戻り、線路を越えて東へ直進する。白幡交差点を左折してしばらく進むと❷白幡神社に着く。白幡交差点まで戻り、かながわ信用金庫に並ぶ交番横に続く小道を奥に進むと本町公園の一隅に❸義経首洗井戸があり、傍らに首塚の碑が建つ。ふたたび白幡交差点まで戻り、道路を渡って南へ進み、2つ目の角を左折して道なりに進むと❹永勝寺がある。永勝寺山門を背に右へ向かい、最初の角を右に折れて道なりに進んでバス通りへ戻り、右折して東へ進む。消防署脇の小道を入ると❺常光寺に着く。

常光寺からまたバス通りに戻り、横断歩道で通りの反対側に渡ってしばらく進むと、ラーメン店前に❻蒔田本陣跡の標柱がある。さらに通りを進み、藤沢橋交差点の横断歩道を渡ったら左折して境川を渡る。そのまま道路の左側に位置しながら遊行寺坂を登っていくと歩道脇に❼江戸方見附跡の標柱が立つ。坂を少し戻ったところに❽遊行寺の東門がある。

帰途は来た道を戻り、バス通りへ出たら、さらに来た道を小田急線・藤沢本町駅まで戻る。

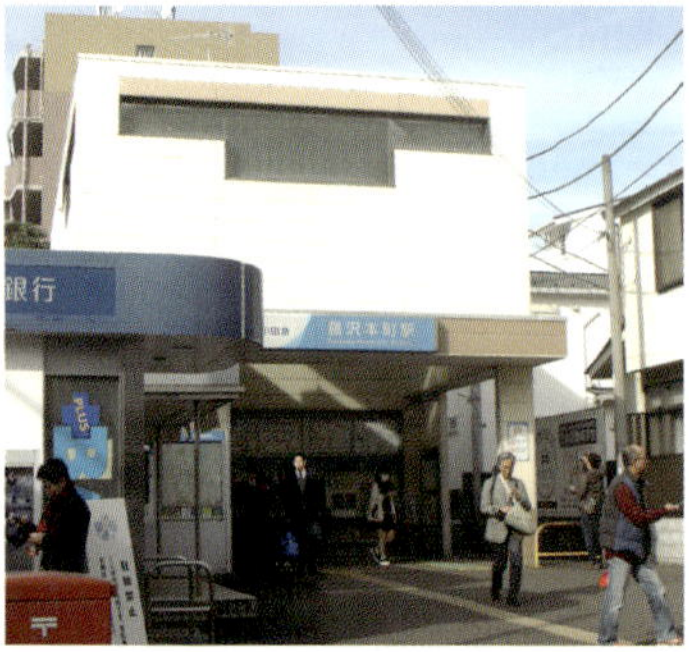

▲コースの行きと帰りに利用する藤沢本町駅

各史蹟解説

1 上方見附跡

見附とは主要街道にある宿場の出入り口に設けられたもので、上方（西）側にあったのが上方見附。東海道五十三次の6番目の宿として栄えた藤沢宿は、この上方見附から遊行寺の東側までの範囲にあった。

▲東海道五十三次の6番目の宿として栄えた藤沢宿の上方見附跡

2 白旗神社

創立年代は不詳だが鎌倉時代以前にはあり、当時は寒川神社と呼ばれていた。奥州平泉で自害した源義経の首は従者弁慶の首とともに鎌倉腰越の浜での首実検の後、この地に葬られたと伝えられる。宝治3（1249）年、義経がこの神社の神様として祀られることになり、源氏の旗が白旗であったことから、白幡明神、のちに白旗神社と呼ばれるようになった。

▲義経がこの神社の神様として祀られる

3 義経首洗井戸

鎌倉腰越の浜で首実検された義経の首は実験後に海に打ち捨てられたが、潮に乗って境川を遡り、白旗神社近くに流れ着いたと言われる。その首を藤沢の里人が掬い上げて洗い清めたと伝承されるのがこの井戸。傍らには「九郎判官源義経公之首塚」の石碑も建つ。

▲義経の首を洗い清めたと伝承される井戸

4 永勝寺

元禄4（1691）年創建。藤沢宿で旅籠屋を営んでいた小松屋源蔵が、宿の遊女として働いた飯盛女たちを手厚く葬ったと

コースと所要時間

スタート ▼小田急線 藤沢本町駅
↓ 0.13km 2分
1 上方見附跡
↓ 0.48km 8分
2 白旗神社
↓ 0.3km 4分
3 義経首洗井戸
↓ 0.23km 4分
4 永勝寺
↓ 0.3km 5分
5 常光寺／弁慶塚
↓ 0.19km 3分
6 蒔田本陣跡
↓ 0.86km 15分
7 江戸方見附跡
↓ 0.05km 1分
8 遊行寺
↓ 1.2km 21分
ゴール ▼小田急線 藤沢本町駅

言われる墓が残る。境内はよく手入れされた緑が美しい。

5 常光寺／弁慶塚

元亀3（1572）年の創建。

源義経は白旗神社に祀られたが、その従者であった武蔵坊弁慶は白旗神社の末社であったこの寺に近い八王子社に祀られた。この寺には、弁慶の墓と伝えられる「弁慶塚」が墓地裏手の木立の中にひっそりと小屋がけされて立つ。

▲宿の遊女たちを手厚く葬ったと言われる墓が残る

6 蒔田《まいた》本陣跡

藤沢宿で唯一の本陣であった蒔田源右衛門の邸宅があった場所。本陣は総坪数400坪、建坪210坪という藤沢宿では最大の家屋だったと伝えられるが、残念ながら明治3（1872）年に焼失し、当時を偲ばせるものは残っていない。

▲義経の従者である弁慶の墓と伝えられる「弁慶塚」がある

▲本陣・蒔田源右衛門の邸宅があった場所

7 江戸方見附跡

藤沢宿の江戸（東）側の見附があった場所。かつては将軍宿泊用の藤沢御殿もあったという藤沢宿だが、残念ながら現代の見附跡には標柱以外に名残りをとどめるものはない。

8 遊行寺

遊行上人により鎌倉時代後期に開山した時宗の総本山。「黒門」とも呼ばれる惣門から続く48段あるいろは坂は桜の木に囲まれ、春には美しい花のトンネルになる。木造銅葺としては東海道随一と言われる本堂の前にある大銀杏は藤沢市天然記念物で樹齢は推定500年以上の巨木。境内裏手には五大将軍綱吉の時代に発布された生類憐れみの令により集められた江戸市中の金魚が放たれたという「放生池」もある。

▲江戸側の見附があった場所

▲鎌倉時代後期に開山した時宗の総本山（© 清浄光寺（遊行寺）蔵）

24 平塚宿

▲平塚宿京方見附跡

アクセス 【行き】ＪＲ東海道本線・平塚駅（北口）
【帰り】ＪＲ東海道本線・平塚駅（西口）

総距離 …約 5km　**徒歩による所要時間** …約 1 時間 10 分

平塚宿をめぐる

コースガイド

ＪＲ・平塚駅北口を出てまっすぐ駅前の通りを進むとやがて「宮の前」交差点にさしかかる。その向かい側に❶**平塚八幡宮**がある。そこを背にして目の前の通り（国道1号線）を右にまっすぐ進む。「春日神社北側」交差点を左に曲がり、次の交差点を右に進むと左手に❷**要法寺**がある。そしてそのまま進んで行くと、要法寺の西隣に平塚の塚緑地公園があり、その中に❸**平塚の塚（平塚の碑）**がある。

公園の元の出入口まで戻り、そこを背にして左に進んですぐの角を右に曲がって進むと右手に❹**春日神社**がある。そこを背にして右に進んで国道1号線を左折してまっすぐ進むと「古花水橋」の交差点に出る。そこを道の反対側に渡ると❺**平塚宿京方見附跡**がある。そこを背にして市民プラザがある方向に進むと左手に平塚市消防団第一分団詰所が見える。その前に❻**西組問屋場跡**がある。また元の道に戻り、そこを背にして左にまっすぐ進んでいくと左手に神奈川銀行 平塚支店がある。その前に❼**平塚宿本陣跡**がある。そしてその道の反対側に渡って左に進んでいくと❽**東組問屋場跡**がある。

また道の反対側に戻って市民プラザがある方向（そこを背にして右）に進むと❾**平塚宿高札場跡**がある。そしてさらに進むと❿**平塚宿脇本陣跡**が見えてくる。さらにまっすぐ進むと左手に平塚市民センターがあり、その近くに⓫**平塚宿江戸方見附跡**がある。

そこの信号を向かいに渡って左に進んでいくと「市民プラザ前」交差点に突き当たる。そこを右にまっすぐ進み、角を左に進むとすぐにＪＲ・平塚駅西口がある。

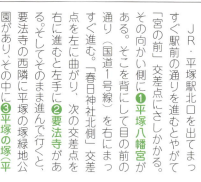

各史蹟解説

▲武人の信仰も篤かった平塚八幡宮

1 平塚八幡宮

平塚八幡宮は、仁徳天皇の68年、天皇が国土安穏を祈り、應神天皇の御神霊を祀って創建された。鎌倉時代には、源頼朝が夫人政子の安産を祈願して神馬（白馬）を献上したり、江戸時代には徳川家康が社領を寄進して自ら参拝したりするなど、武人の信仰も篤かった。

▲かつて日蓮聖人が一泊した場所

2 要法寺

弘安5（1282）年9月のこと、鎌倉幕府の3代執権・北条泰時の次男・泰知の住む屋敷に、身延山を出発して武蔵国の池上邸を目指して旅をしていた日蓮聖人が一泊した。この宗祖の霊跡に建立されたのが要法寺である。泰知はその後日蓮に帰依し、泰知入道松雲院日慈上人となった。境内にはその供養塔も建てられている。

3 平塚の碑

▲平塚の塚緑地公園の中にある

コースと所要時間

スタート ▼JR東海道本線 平塚駅（北口）
↓ 0.95km 12分
1 平塚八幡宮
↓ 1.6km 20分
2 要法寺
↓ 0.05km 1分
3 平塚の塚（平塚の碑）
↓ 0.14km 2分
4 春日神社
↓ 0.4km 6分
5 平塚宿京方見附跡
↓ 0.5km 6分
6 西組問屋場跡
↓ 0.19km 3分
7 平塚宿本陣跡
↓ 0.14km 2分
8 東組問屋場跡
↓ 0.02km 0分
9 平塚宿高札場跡
↓ 0.12km 1分
10 平塚宿脇本陣跡
↓ 0.4km 5分
11 平塚宿江戸方見附跡
↓ 0.5km 6分
ゴール ▼JR東海道本線 平塚駅（西口）

当地地名の由来となったとされる史跡。場所は要法寺の西隣、平塚の塚緑地公園の中にある。平塚の地名は、高望王（桓武平氏の祖）の妹・眞砂子（政子との表記もある）が都より東国へ下向の途中、相模国の海辺の里で急死してしまった。土地の人々はその死を悼み、遺体を塚を築いて弔ったのであった。その塚はいつしか風化して平たくなったことから、周辺の地域の人々から「平塚」と呼ばれるようになったとされる。

4 春日神社

かつては平塚山黒部宮と称し、源頼朝が建久2（1191年）年、相模川橋供養の御祈願所とし、さらに翌年には、妻・北条政子の安産祈願のため神馬を奉納した祈願所の一つとされ、そのため、安産の神として信仰されている。

5 平塚宿京方見附跡

平塚宿は慶長6（1601）年に成立した。平塚宿京方見附は、宿場の西の入口であったこの場所にあったとされる。ここからは、歌川広重の「東海道五十三次」平塚宿に描かれたままの高麗山《こまやま》（標高168m）の姿を眺めることができる。

6 西組問屋場跡

▲安産の神として信仰されている

▲宿場の西の入口にある平塚宿京方見附の跡

▲西仲町にあった西組問屋場の跡

▲文久2（1862）年の頃の建坪は111坪あった

7 平塚宿本陣跡

代々加藤七郎兵衛が平塚宿本陣を勤めた。場所は東仲町北側にあった。文久2（1862）年に作成された絵図面によると、加藤本陣は間口19間（29・7m）、奥行38間（68・4m）で右に表門に続く広い玄関があり、荷置場である広い土間や板の間が設けられており、建坪は111坪あったという。

8 東組問屋場跡

宿場は、旅人に休憩所や宿泊所を提供するばかりでなく、諸荷物の運搬に関わる人夫や馬を交代させるための重要な役割を担っていた。その中で、問屋場はそれらを交代させるための人馬や御用旅宿の手配をする業務を取り仕切っていた。

▲二十四軒町にあった東組問屋場の跡

平塚宿には問屋場が2カ所あった。西組問屋場と東組問屋である。西組問屋場は、西仲町にあり、東組問屋は、二十四軒町にあった。

宿役人は問屋3名、年寄6名、帳付11名、馬指6名、人足指6名で構成されていた。そして、2カ所の問屋場に毎月10日毎に問屋1名、年寄1名、帳付3名、馬指2名が交替で勤めた。

9 平塚宿高札場跡

高札場は幕府や領主の最も基本的な法令を書き記した木の札（高札）を掲示するための施設。多くの人々の目に触れるように、人通りの多い場所に設置されることが多かった。ちなみに、平塚宿高札場の大きさは、高さは約3・3m、長さ（間口）は約4・5m、横（奥行）は1・8mあった。

▲高さは約3.3m、長さ（間口）は約4.5m、横（奥行）は1.8mあった

10 平塚宿脇本陣跡

脇本陣は寛政年中から天保6（1835）年までは原田六郎兵衛が勤め、天保14（1843）年以降は、山本安兵衛が勤めるようになった。山本脇本陣は二十四軒町北側にあった。

▲山本脇本陣は二十四軒町北側にあった

11 平塚宿江戸方見附跡

宿内は、ここ江戸方から十八軒町、二十四軒町、東仲町、西仲町、柳町と続いていた。現在、平塚市民センター付近に江戸方見附跡の碑が建っている。

▲平塚市民センター付近に建つ平塚宿江戸方見附跡の碑

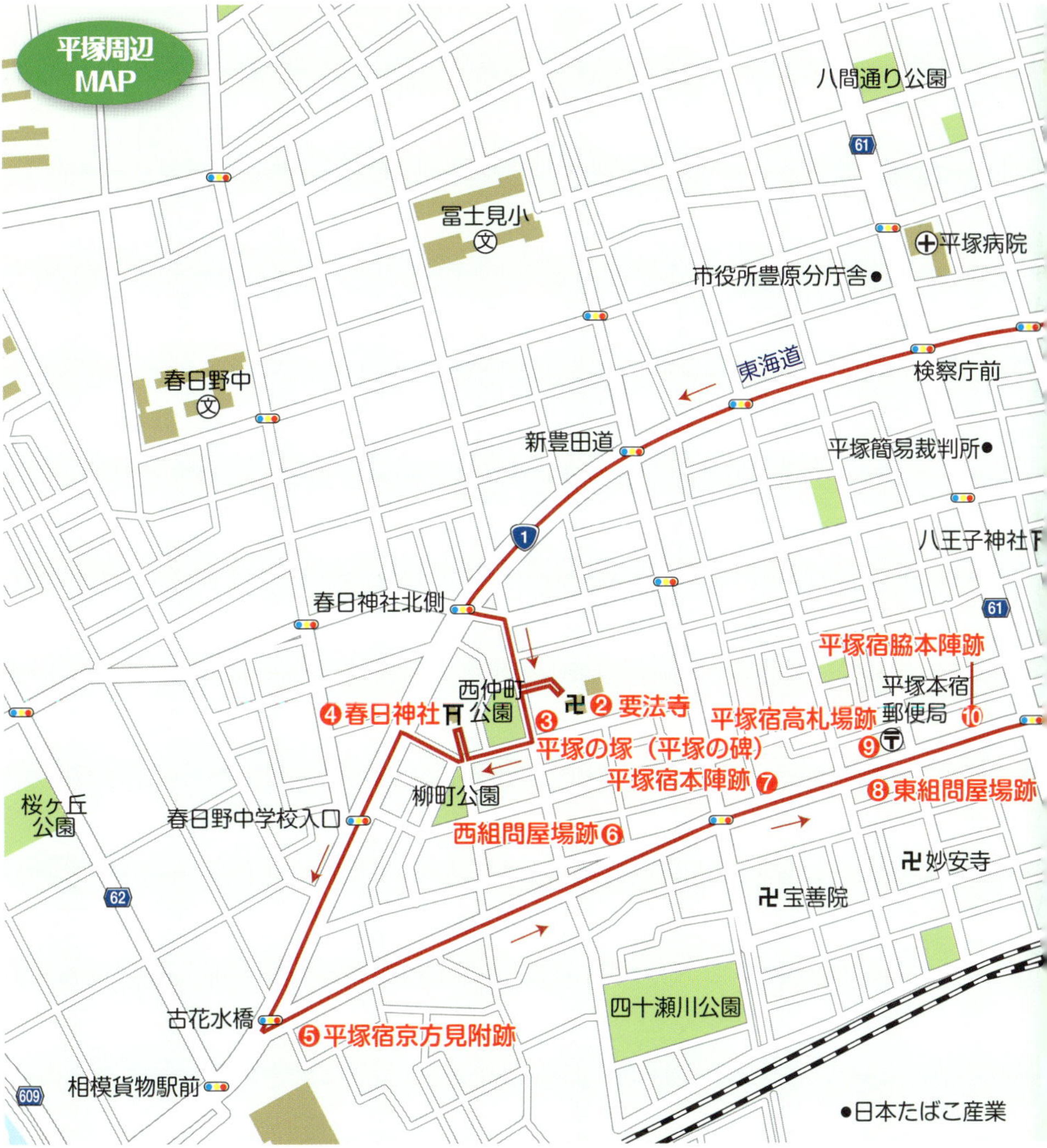

25 大磯宿

▲鴫立庵

大磯宿と歴史人物の故地をめぐる

アクセス　【行き】JR 東海道本線・大磯駅
　　　　　【帰り】JR 東海道本線・大磯駅

総距離　…約 5.1km　徒歩による所要時間　…約 1 時間 10 分

コースガイド

大磯駅改札を右へ出て向かいの交番方向に歩き、2つある道のうちの手前の道を進んで行き左折して進むと国道1号線にぶつかる。そこの穐葉神社入口交差点を渡って神社の左手の道を下ると❶**延台寺**がある。

ここから穐葉神社入口交差点まで戻り反対側へ渡って左へ進むと蕎麦処「古伊勢屋」があり、その横に❷**小島本陣跡の碑**が建っている。ここから店の先を道路沿いに進む。その先の中南信用金庫本店の正面入り口前には❸**尾上本陣跡の碑**が建つ。この信用金庫を正面にして右横の道を進んで行くと島崎藤村夫妻の墓がある❹**地福寺**に着く。

ここから❸尾上本陣跡の碑まで戻り、そこを右手に国道1号線沿いを行くと、新杵菓子舗を過ぎた先に照ヶ先海岸入口交差点があり、その先に❺**高札場跡**の説明板がある。その付近の緑地裏に❻**南組問屋場跡**の説明板があり、その国道1号線側に❼**新島襄終焉の地の碑**が建つ。

そのまま先に進んで行くと、鴫立沢交差点があり、ここに❽**鴫立庵**がある。さらに進み、国道1号線反対側のトイレの横道を入って、そのまま道なりに進むと左手に❾**島崎藤村旧宅**がある。ここからまっすぐ進み左折、次にまた左折すると先ほどの国道1号線に出る。そのまま右折して進んで行くと、左手に❿**伊藤博文・滄浪閣の碑**が建つ。

このまま国道1号線沿いに進んで行くと切通橋交差点があり、その先の二叉を右折して行くと右手に⓫**県立大磯城山公園**の入口があり、中に入ると⓬**大磯町郷土資料館**がある。ここから元来た道を戻って切通し橋に出るとバス停・城山公園前がある。

各史蹟解説

① 延台寺

慶長（1599）年創建。鎌倉時代の舞の名手虎御前と曽我兄弟の伝説が残る。境内には虎《とら》御石《ごいし》が祀られていて、工藤祐経が曽我十郎返り討ちの際、虎御石が曽我十郎の身代わりで矢や刀を受けたとされる。（見学要予約：0463-61-0742）

▲鎌倉時代の舞の名手虎御前と曽我兄弟の伝説が残る延台寺

▲幕末まで続いた小島本陣

② 小島本陣跡

大磯宿には本陣が3つあり、小島本陣はその1つ。幕末まで続いた。現在は、蕎麦処「古伊勢屋」の隣のブロック塀越しに記念碑が建つ。説明板は店前にある。

③ 尾上本陣跡

大磯宿にある3つの本陣うちの1つ。小島本陣と同様に幕末まで続いた。現在は、中南信用金庫本店入り口前に記念碑が建つ。

▲大磯宿にある3つの本陣うちの1つである尾上本陣

コースと所要時間

- スタート：▼JR東海道本線 大磯駅
- 0.34km 5分
- ① 延台寺
- 0.12km 2分
- ② 小島本陣跡
- 0.05km 1分
- ③ 尾上本陣跡
- 0.07km 1分
- ④ 地福寺／島崎藤村の墓
- 0.31km 4分
- ⑤ 大磯宿高札場跡
- 0.06km 1分
- ⑥ 南組問屋場跡
- ⑦ 新島襄終焉の地碑
- 0.26km 4分
- ⑧ 鴫立庵
- 0.38km 5分
- ⑨ 島崎藤村旧宅
- 0.66km 9分
- ⑩ 伊藤博文・滄浪閣の碑
- 1.9km 24分
- ⑪ 県立大磯城山公園
- 0.34km 5分
- ⑫ 大磯町郷土資料館
- 0.59km 8分
- バス停「城山公園前」 ●大磯駅行きバスに乗車
- 23km 10分
- ゴール：▼JR東海道本線 大磯駅

④ 地福寺／島崎藤村の墓

地福寺は承和４（８３７）年創建といわれる。境内に文豪・島崎藤村と妻静子の墓がそれぞれ眠る。１９４３年、藤村は『東方の門』を大磯の自宅で執筆中に脳溢血で倒れ、意識が戻ることなく永眠した。

▲８月22日になると藤村を偲び、墓前で法要を営む“島崎藤村忌”が毎年とり行われる

⑤ 大磯宿高札場跡

大磯宿は江戸方から街道に沿って、山王町、神明町、北本町、南本町、南茶屋町、南台町の６町で構成されるが、高札場は南茶屋町にあった。高さ約３ｍ、長さ（間口）約５・４ｍ、横（奥行）約１・８ｍほどの大きさはであった。照ヶ先海岸交差点付近の民家の塀に説明板がある。

▲南茶屋町にあった大磯宿高札場

⑥ 南組問屋場跡

宿場を円滑に運営するために、宿役人が執務した場所が問屋場《といやば》である。

大磯宿の問屋場は、地福寺の門前通りを境として北組（北本町）と南組（南本町）、それぞれに１カ所置かれた。それぞれに問屋年寄１人、帳付４人、人足指２人、馬指２人がいた。

▲照ヶ先海岸入口交差点そばの緑地裏側電話ボックス前に説明板がある

⑦ 新島襄終焉の地碑

照ヶ先海岸入口交差点そばの緑地内に碑が建つ。道裏側には⑥南組問屋場跡の説明板がある。同志社の新島襄は早稲田の大隈重信、慶応の福沢諭吉と同じく明治時代の三大教育家として知られる。この地の旅館百足屋で47歳の生涯を閉じた。碑の場所はかつての旅館百足屋玄関であった。

▲碑の場所はかつての旅館百足屋玄関

8 鴫立庵《しぎたつあん》

日本三大俳諧道場の1つといわれる。西行法師の歌で名高い鴫立沢《しぎたつさわ》に寛文4（1695）年、小田原の崇雪《そうせつ》が草庵を結んだことから始まる。元禄8（1695）年、第一世庵主・俳人の大淀《おおよど》三千《みち》風《かぜ》が入庵した。

▲日本三大俳諧道場の１つ

9 島崎藤村旧宅

東京・麹町から大磯に移り住むようになったきっかけは、藤村を師と仰いだ劇団員・天明愛吉に誘われ、元旦に行われる火祭り「左義長祭り」を観に行った際にこの地を気に入ったからとされる。翌昭和16（1941）年春にはこの家に住み、2年後の71歳で永眠するまでを過ごした。

[開館時間] 午前9時00分～午後4時00分 [休館日] 月、祝日除く年末年始

▲移住から２年後の 71 歳で永眠するまでを過ごした

10 伊藤博文・滄浪閣《そうろうかく》の碑

明治25（1890）年に現在の小田原市に建てられた伊藤博文別邸が滄浪閣である。その後、伊藤博文が明治30（1897）年にこの地に同名で移転させた。本籍もこちらに移したため、この滄浪閣は別邸ではなく本邸となった。現在はプリンスホテルが所有。

▲晩年の伊藤博文の本邸であった

11 県立大磯城山公園《おおいそじょうやまこうえん》

基は小磯城が築かれていた。また多数の横穴古墳も残されている。明治31（1898）年に三井財閥当主が別荘の城山荘をこの地に造った。昭和62（1987）年に県立大磯城山公園として開園し、展望台やかつてあった国宝茶室如庵にちなんだ茶室「城山庵」や大磯町郷土資料館がある。

▲もとは三井財閥当主が別荘の城山荘だった

また道を挟んだ反対側には旧吉田茂邸跡地（火災消失のため整備中）がありバラ園などがある。四季を通して美しい公園である。

⑫ 大磯町郷土資料館

旧三井邸城山荘がモチーフになった同館は⑪県立大磯城山公園の中ほどにある。大磯や周辺の歴史をテーマに展示などを行っている。

［開館時間］午前9時00分～午後5時00分（但し、入館は午後4時30分まで）［休館］月・毎月1日・年末年始［入館料］無料

▲大磯や周辺の歴史をテーマに展示などを行う

大磯駅周辺MAP
N
START
大磯駅
JR東海道本線
妙大寺
大運寺
町立図書館
神明神社
大磯郵便局
❶延台寺
聖ステパノ学園中
聖ステパノ学園小
大磯小
小島本陣跡❷
妙輪寺
浅間神社
❹地福寺／島崎藤村の墓
大磯消防署前
尾上本陣跡❸
大磯町消防本部
東海道
愛宕神社
大内館
白山神社
熊野神社
❺大磯宿高札場跡
鴫立沢
照ヶ崎海岸入口
❻南組問屋場跡
❼新島襄終焉の地碑
❽鴫立庵
大磯町役場

金龍寺
JR東海道本線
白岩大門
西小磯
西柳原
大磯町郷土資料館
⓬
八坂神社
県立大磯城山公園
⓫
東海道
国府本郷
城山公園前バス停
城山公園前
切通橋
西湘バイパス
旧吉田邸跡地
大磯西IC

26 小田原宿

▲小田原城天守閣（© 小田原城天守閣蔵）

関東への出入り口の重要な拠点。かつて後北条氏の城下町として繁栄した小田原をめぐる

アクセス 【行き】 ＪＲ東海道本線／小田急線・小田原駅（東口）
【帰り】 箱根登山鉄道・箱根坂橋駅

総距離 ……5.7km　徒歩による所要時間 …約1時間20分

コースガイド

小田原駅東口から直進して「栄町一」と書かれた信号が見えたら、その大工町通りとの交差点を左に曲がる。そのまま直進し、「七枚橋」と書かれた信号のある交差点をそのまま真っ直ぐ通過して三差路に突き当たる。そこを右の道に入るとすぐにある国道1号線を左に進む。すると間もなく❶江戸口見附跡が左に見える。そして、国道1号線にかかる歩道橋を渡った向かい側に❷三王原一里塚跡が見える。

三王原一里塚跡を真正面にして右に直進する。すると間もなく「新宿」と書かれた信号のある交差点にたどり着く。そこを左に曲がり、一つ目の右に曲がる道に入り直進する。しばらく歩くと左側に❸清水金左衛門本陣跡／明治天皇小田原行在所址がある。そしてさらに直進すると❹小田原宿なりわい交流館が左側に見え、さらに直進すると❺片岡永左衛門本陣跡／明治天皇本町行在所址が左側にある。そこを過ぎて「御幸の浜」と書かれた信号のある交差点を右に曲がって直進すると❻小田原城の馬出門が左側に見えてくる。そこから天守閣までは道なりに進む（❼～❾の道順説明は省略）。

そこからの戻りは行きと同じ道をたどる。再び馬出門まで出ると、目の前の道路を右に曲がり「三の丸小学校前」の交差点で右に曲がりお城の外郭を進む。報徳博物館が左に見えたら、その建物を過ぎてすぐに左の上り坂の小道に入る。そこを進むと❿清閑亭が左に見える。さらに真っすぐに進むと国道1号線に突き当たる。そこを右に曲がって真っ直ぐ進むと、道路の反対側に⓫大久寺が見える。そしてすぐに「板橋見附」の信号機のある交差点にたどり着く。この辺が⓬板橋見附跡である。そしてさらに直進すると左側に箱根登山鉄道・箱根坂橋駅がある。

各史蹟解説

1 江戸口見附跡

旧東海道・江戸口見附跡《えどぐちみつけあと》（である。江戸からの東海道の入口として位置しており、現在は史跡標柱のみが残されている。

▲江戸からの東海道の入口

2 山王原一里塚跡《さんのうはらいちりつかあと》

日本橋から20番目（およそ80km の地点）の一里塚。

▲日本橋からおよそ 80km の地点

3 清水金左衛門本陣跡／明治天皇小田原行在所址

▲清水本陣は、江戸時代には屋敷面積 400 坪あった

現在の本町3‐5‐5に当たる場所には明治天皇が宿泊された、清水金左衛門本陣跡がある。ここは小公園の中にあり、「明治天皇小田原行在所址」の碑が立っている。

清水本陣は、江戸時代には屋敷面積400坪（うち建坪242坪）もあり、尾張の徳川家や薩摩の島津家、肥後の細川家、安芸の浅野家、近江の井伊家、備前の池田家、伊勢の藤堂家、土佐の山内家などの諸大名が宿泊した場所。ここには明治期になって明治天皇が宿泊した。宿泊の回数は、明治元（1868）年10月8日の御東行の際を初めとして5回を数える。現在は、この事蹟を記念し、本陣跡が整備され、石碑が建てられている。

4 小田原宿なりわい交流館

▲市民や観光客向けの「憩いの場」となっている

元は、江戸時代の旅籠で、大正時代にはブリ漁などに使われる魚網の問屋であった。関東大震災による被害を受けたが、昭和7年に再建され、その後に整備されて、市民や観光客向けの「憩いの場」として、平成13年9月に開館した。建物には、小田原の典型的な商家の造りである「出桁造り《だしげた》」が用いられている。

【開館及び利用時間】観光案内・お休み処／1階（4～10月）午前10時00分～午後7時00分（11～3月）午前10時00分～午後6時00分／年中無休（臨時休館あり）／入館無料

コースと所要時間

- スタート：▼JR東海道本線・小田急線 小田原駅（東口）
- 1.2km 15分
- 1 江戸口見附跡
- 0.02km 0分
- 2 山王原一里塚跡
- 1.16km 15分
- 3 清水金左衛門本陣跡／明治天皇小田原行在所址
- 0.06km 1分
- 4 小田原宿なりわい交流館
- 0.18km 2分
- 5 片岡永左衛門本陣跡／明治天皇本町行在所址
- 0.4km 5分
- 6 小田原城 馬出門
- 0.16km 2分
- 7 小田原城 銅門
- 0.2km 3分
- 8 小田原城 常盤木門
- 0.21km 3分
- 9 小田原城 天守閣 ●2016・4まで工事中のため休館
- 0.57km 8分
- 小田原城 馬出門
- 0.63km 8分
- 10 清閑亭
- 0.67km 8分
- 11 大久寺
- 0.1km 2分
- 12 板橋見附跡（信号機）
- 0.29km 4分
- ゴール：▼箱根登山鉄道 箱根坂橋駅

5 片岡永左衛門本陣跡／明治天皇本町行在所址

愛媛の松平（15万石の大名）をはじめとして、岡山、岐阜、三重などの諸大名が宿泊した。また、ここは明治天皇が宿泊した場所でもある。天皇は明治11（1878）年、北陸・東海御巡幸の際の11月7日のことであった。この事蹟を記念し、本陣跡に石碑が建てられている。

▲愛媛、岡山、岐阜、三重などの諸大名が宿泊した

6 小田原城　馬出門《うまだしもん》

この門は、江戸時代初期から末期まで存在し、現在の門は平成21（2009）年に再建されたもの。二の丸の正面に位置する門として重要な役割を果たしてきた。馬出門は、寛文12（1672）年に馬出門と内冠木門の二つの門と周囲を土塀で囲まれた「枡形」と言われる門の構造をもつ現在の姿に作り変えられた。門の手前には馬出門土橋（通称めがね橋）がかけられている。

▲現在の門は平成21（2009）年に復元されたもの（© 小田原城天守閣蔵）

7 小田原城　銅門《あかがねもん》

馬屋曲輪から二の丸に通じる位置にある。大扉などに銅板の装飾が施されており、そこから名前が付けられた。現在の銅門は、昭和58（1983）年から行われた発掘調査の成果や、古写真、絵図などを参考にして平成9（1997）年に復元されたもの。

▲現在の門は平成21（2009）年に復元されたもの（© 小田原城天守閣蔵）

8 小田原城　常盤木門《ときわぎもん》

常盤木門は、江戸時代初期から設けられ、重要な防御拠点であったために、他の門と比べても大きく、堅固に造られていた。しかし、元禄16（1703）年の大地震で崩壊した後、宝永3（1706）年に、多門櫓《たもんやぐら》と渡櫓《わたりやぐら》門《もん》から構成される桝形門形式で再建された。その後は、小田原城廃城（明治3（1870）年）まで姿をとどめていたといわれる。現在の常盤木門は、市制30周年事業として昭和46（1971）年3月に再建された。

▲大きく堅固に造られた常盤木門（© 小田原城天守閣蔵）

9 小田原城　天守閣

（2016・4まで耐震改修工事及び展示リニューアルのため休館）

現在の天守閣は、宝永3（1

▲江戸時代の姿のまま外観復元された（© 小田原城天守閣蔵）

706）年に再建され昭和35（1960）年に市制20周年記念事業として建設されたもの。江戸時代に造られた雛型や引き図（設計図）に基づいて再建され、内部は甲冑・刀剣・絵図・古文書など、小田原城や小田原北条氏の歴史を伝える資料などを展示している。

10 清閑亭（旧・黒田《くろだ》長成《ながしげ》別邸）

明治時代に活躍した黒田長成《くろだながしげ》侯爵の別邸として、明治39（1969）年に建てられた。

黒田長成は、慶応3（1867年5月5日生まれ。筑前《ちくぜん》福岡藩主黒田長知《ながとも》の長男。明治11（1878年に家督を継ぎ、17年侯爵となった。18（1885）年にケンブリッジ大に留学し、学士号を取得して卒業する。その後、宮内省の式部官、貴族院議員、同副議長、枢密顧問官をつとめるなど、明治時代に活躍した人物。昭和14（1939）年8月14日死去。

現在は小田原市の施設として、2010年より一般公開されている。

▲2010年より一般公開されている

【開館及び利用時間】午前11時～午後4時【休館日】毎週火曜日、年末年始（ほかに、臨時休館あり）【入場料】無料

11 大久寺／小田原城主・大久保一族の墓所

大久寺は、豊臣秀吉の天正18（1590）年の小田原征伐に徳川家康に従って参戦した遠州二俣城主・大久保忠世が、合戦後論功行賞によって小田原城4万5千石を賜った後に創建（天正19（1591）年）した日蓮宗の寺である。開山は、忠世が帰依し、二俣から招請した日英。以後、大久保家の菩提寺とした。しかし、慶長19（1614）年、二代忠隣《ただちか》が改易となり、寺が衰退した。寛永10年（1633）年には、忠隣の二男・石川忠総《いしかわただふさ》（石川家成の養子）が江戸下谷に移転した（教《とう》風山大久寺）。その後、大久保康《やす》任が当地でもとの地に石塔、位

牌を戻し、大久寺が再建された。2代忠隣など7基の墓石が並んでいる。

12 板橋見附跡

東海道の西の出入り口にあたり、上方見附とも言われた。現在は名前が残されているだけで、当時の跡は残されていない。

▲2代忠隣など7基の墓石が並んでいる

小田原城址公園
天守閣
9
報徳
二宮神社
本丸広場
常磐木門
8
報徳博物館
市立図書館
歴史見聞館
小田
10 清閑亭
神社
郷土文化館
二の丸広場
銅門 7
小路
スポーツ会館
6 馬出門
馬出門
土橋
検察庁
箱根口門跡
三の丸小
ういろう・
外郎博物館
裁判
掃雲台入口跡
小田原短大
GOAL
箱根板橋駅
居神神社（古碑群）
12 板橋見附跡
JR東海道本線
11 大久寺
消防署南町分署
箱根登山鉄道
早川口
人車鉄道
小田原駅跡
山角天神社
諸白小路
早川口遺構
三好達治旧居跡
箱根口
静山荘
御幸の浜
間中病院
小田原文学館
報身寺
白秋童謡館
平成輔の墓所
大蓮寺
正恩寺の鐘楼門
園福寺

■監修

加藤　導男（かとう　みちお）
昭和19年東京新宿区四谷の生まれ。大手都市銀行ＯＢ。平成４年に横浜歴史研究会に入会、事務局長・副会長を経て、平成23年より会長に就任（平成24年は創立30周年を迎え、各記念行事を開催した）。中世史の鎌倉・室町時代を主な研究テーマとしている。

竹村　紘一（たけむら　こういち）

歴史作家、歴史研究家、歴史愛好家。

洋の東西を問わず歴史上の人物や事件に強い興味を有するが、特に中国古代や本邦の大和、奈良、平安、鎌倉、南北朝、戦国、幕末の動乱の時代を生き抜いた人物の壮絶な生きざまに深い共感と感動を覚える。

座右の銘は「士は弘毅ならざるべからず」、「人生意気に感じては功名誰かまた論ぜん」。

著書に、『士魂よ永遠(とわ)…私撰武家百人一首』、『男ありて…戦国武人列伝』、『気になる戦国の男たち…続・戦国武人列伝』、『坂東武者』、『読史放談…戦国夜話』、『幕末風雲録』、『戦国女性流転絵巻』、『戦国越後の武将列伝』、『土佐の名門香宗我部氏と長宗我部氏の興亡録』、『楚漢群雄伝…項羽と劉邦を巡る人々』、『正史三国志将星伝』、『静寛院宮様（皇女和宮親子内親王）御一代記』がある。

全国歴史研究会本部運営委員、古代史懇話会会長、横浜歴史研究会副会長、神奈川歴史研究会理事、史友会特別顧問、江戸の会監査役

堀江　洋之（ほりえ　ひろゆき）
著述家。平成３年夏、自分のルーツ探しで国の特別遺跡・福井県一乗谷朝倉氏遺跡を訪ね、そこでルーツに関連する遺跡に遭遇し、日本の民俗学と歴史を勉強することにした。50歳を過ぎてから異分野に挑戦した先達、伊能忠敬の存在を知り、自分もチャレンジしてみた。ハイテク分野からの衣更えである。還暦を過ぎて三冊の本を上梓した。2000年に処女作『古き地に情念の形が見える』–地図は日本人の心を発信している–/三省堂書店・創英社、2002年に『黄金比の世界』–美しき神々の座–/郁朋社、そして2005年に『天籟をきく』–歴史に学ぶビジネスの王道–/郁朋社である。これらの著書は、日本人の人生観や行動規範を探ってみたものである。2015年に自分のルーツ探しの集大成著書『越前堀江一族物語』を歴史研究会より上梓し、４冊目となった。
現在、全国歴史研究会本部運営委員、水戸の会会長、横浜歴史研究会副会長に就任している。そして、一般社団法人半導体産業人協会会員である。

【STAFF】
■構成　有限会社イー・プランニング
■本文デザイン　小山弘子
■制作協力　田中あき子・葛西　愛・津田 容直・瑞　佐富郎・須賀柾晶
■写真協力　後藤好孝・鴫立庵・報国寺ほか

神奈川　歴史探訪ルートガイド

2016年　2月20日　第１版・第１刷発行

著　者　横浜歴史研究会（よこはまれきしけんきゅうかい）
発行者　メイツ出版株式会社
代表者　前田信二
〒102-0093 東京都千代田区平河町一丁目 1-8
TEL.03-5276-3050（編集・営業）
03-5276-3052（注文専用）
FAX.03-5276-3105
印　刷　株式会社厚徳社

メイツ出版ホームページアドレス　http://www.mates-publishing.co.jp/
企画担当：大羽孝志